U0640059

3分钟说求职

最短的时间、最朴实的语言教你最实用的求职攻略

邸飞 李健 著

光明日报出版社

图书在版编目（CIP）数据

3 分钟说求职 ／ 邸飞，李健著．－－北京：光明日报
出版社，2021.6

ISBN 978－7－5194－6085－3

Ⅰ.①3… Ⅱ.①邸… ②李… Ⅲ.①大学生—职业选
择 Ⅳ.①G647.38

中国版本图书馆 CIP 数据核字（2021）第 087645 号

3 分钟说求职

3FENZHONG SHUO QIUZHI

著　者: 邸 飞 李 健

责任编辑：黄 莺　　　　　　　责任校对：刘欠欠
封面设计：中联华文　　　　　　责任印制：曹 净

出版发行：光明日报出版社

地　　址：北京市西城区永安路 106 号，100050

电　　话：010－63169890（咨询），010－63131930（邮购）

传　　真：010－63131930

网　　址：http://book.gmw.cn

E - mail：huangying@ gmw.cn

法律顾问：北京德恒律师事务所龚柳方律师

印　　刷：三河市华东印刷有限公司

装　　订：三河市华东印刷有限公司

本书如有破损、缺页、装订错误，请与本社联系调换，电话：010－63131930

开　　本：170mm×240mm

字　　数：205 千字　　　　　印　　张：16

版　　次：2021 年 6 月第 1 版　印　　次：2021 年 6 月第 1 次印刷

书　　号：ISBN 978－7－5194－6085－3

定　　价：68.00 元

版权所有　　翻印必究

推荐序：求职需要一本书吗？

谈到这个话题的时候，我想到另外一个更老生常谈的话题：做管理者需要一本书吗？

我在做管理咨询顾问时，访谈了数百名企业领导者，他们分享的案例和经验听上去大相径庭，但有一点是共通的，即管理没有捷径，成功不可复制，实践是检验管理成效的唯一标准。与之相对应的是另外一个有趣的现象：大家可以在书店的畅销书区，或是各类图书网站销量排行榜上，都会发现经营管理类的图书，涉及案例、常识、经验、方法论……

成功的确不能复制，但成功过程中的案例、常识、经验、方法论、理念可以积累，作为后来者成事过程中的踏脚石。能将这些智慧贡献出来的人，其心胸必宽，其器量必阔，其格局必大，还要善于在自己遇到挫折或者看他人遇到挫折时及时总结，才能成篇一二。通过实践总结出来的智慧，即便片面，也弥足珍贵。虽然我访谈的领导者大多不认为管理需要一本教科书，但都一致建议做管理的人要多读书，多读他人的经验总结。

当下，关于职业生涯的书确有不少：个人生涯发展作为发展心理学研究的一个范畴，近年能够陆续看到很多理论著作面世；不少小有名气的网红，或某些职业领域的大咖，也都开启了经验教训总结的说教模式，出版了不少诸如管理原则、经验的书；也有指导小白求职者做好求职准备的相关书籍，如写简历、职业着装等，但都过于关注小妙招似的技巧层面。求职作为职业生涯的一个阶段，又是大多数人生的必经环节，要保持怎样的理念、心态，如何分析看待自己等这些更底层和重要的话题似乎缺少专门的讨论，尤其是缺失历经实践检验的经验总结。

在大量的招聘选人经验中，我经常会发现"本该拼能力的人展示了经验""本该拼经验的人大秀了能力"这样错位的简历，在面谈的时候也会遇到不少没有找准"主线"的迷茫求职者。在现实生活中，这些求职的经验教训往往是通过口口相授传递的，没有系统的总结和分享，即便有，也只是各种网文般的散碎文字，更谈不上从中提炼出一两项工具、方法来解决这些问题。人力资源工作者在面试过程中，即便发现了人选的这些问题，出于职业性和考查的要求，也无法很直白地指出问题。

为什么没有一本书来系统讲讲这些呢？正巧，两位在大学里常年从事一线职业教育、就业辅导的职业指导中心老师用六年时间默默地写出了这样的一本书。大学的职业指导/发展中心，恰好处在求职者和用人单位之间承上启下的枢纽上，上到用人单位诉求，下到年轻人才的情况无一不在这里汇聚。六年时间，作为学校职业发展中心的负责人能见多少毕业生，我没法统计，但一定是数以千计的。所以，书中的经验一定是"看人踩坑"后的积淀和总结，具有实践指导意义。同时，又因为是大学老师，在读他们的文字的时候，不乏看出其背后对生涯发展理论的娴熟运用。并且，还因为常年处于职业辅导的一线，接待了大量咨询来访，他们从共性中梳理出了一条理念和方法论的主线，这对所有求职者，尤其对即将迈出校门的年轻求职者最为宝贵——迈步子前，要先抬头看天，而不是一头扎进技巧里，毕竟成事不靠技巧，也没有捷径。

　　求职的路，不能说艰难，但也一定不会太容易，但说到底无外乎两条：一是如何选择，二是如何坚持。仔细观察各个领域的顶尖人才，他们大多一开始并不是这个领域最有天赋的人，大多是那批即使前行路上的同行者越来越少，也依旧坚持走到了最后的人。做出合适的选择，才能坚持；做对了选择，余下的全靠坚持，选择和坚持同样重要。从这本书，我读到了这样的理念和方法论，无论是对应届学子还是已入职场再就业的求职者都适用。

胡　炜

2021 年 5 月 15 日

自　序

这些年，高校毕业生人数每年都在递增，从增长趋势上看基本上每年都是"最难就业季"。在高校就业战线上摸爬滚打了这些年，发现一个特别有意思的事情，不只高校毕业生觉得"就业难"，用人单位也时常和我们抱怨"校招难"，毕业生找不到合适的工作，用人单位招不到合适的人，供需两端都喊难！那问题到底在哪呢？我一直觉得根源还是在供需两端的结构性矛盾，毕业生和用人单位都有自己期望，需要有人能够将毕业生的求职期望和用人单位的校招期望精准的联结到一起，把合适的毕业生推荐到合适的岗位上去。那谁来做这个工作最合适呢？当然是高校就业战线的老师们，我们最了解我们自己的毕业生，知道他们的性格特点和脾气秉性，常年和用人单位打交道，也相对了解用人单位的企业文化、团队氛围和发展路径。一直以来，我们一直在积累，一直在研究，这个过程是漫长的，我和李健老师用了将近十年的时间。这期间我们积攒了很多毕业生和用人单位个体咨询的案例，我们经常开玩笑说，希望我们能成长为就业战线"神算子"，看到学生的简历"掐指一算"就能告诉孩子们自己更适合哪些岗位。来咨询的孩子们也经常说，"老师，您写点东西吧！"于是，就有了我们自己写的公众号。

刚开始写这本书的时候，顾虑非常的多，千言万语在心间，却不知道从哪写起，因此看了很多关于求职类的书，总体的感觉是关于校招的书不多，读起来也有点累。求职本身是个体力活，已经够苦够累了，所以我们就写的轻松点，用最简单的形式来讲最复杂的就业故事，让孩子们用碎片化的时间来搞定求职，我们一商量就用3分钟的时间，用一个个小故事、小案例、小技巧、小策略来讲述就业的大道理。因此，"3分钟说求职"应运而生。从公众号的第一篇推文开始，"3分钟说求职"成了我们和孩子们、我们和用人单位之间沟通的桥梁，我们把自己对就业工作的情怀，对孩子们的爱转换成文字，没想到却意外的在就业圈"火"起来了，国资委牵头组织的"国聘行动"公众号和各高校就业中心的官方公众号也纷纷转载。不少孩子和我说，"老师，您的公众号我都是打印出来，一期期的读"。这个时候我们突然意识到，不知不觉中我们可以出本书了，就有了我们这本书"3分钟说求职"。

我们来聊聊"3分钟说求职"这本书。这本书主要写给要参加校园招聘的应届毕业生，可以说覆盖应届毕业生求职的全过程，有经验、有技巧、有方法、有策略、有案例，也有对行业的具体认识。整体的风格呢！偏方法，而不是纯粹的讲面经，为什么呢？这么多年做毕业生求职咨询，我深刻的感受到，市面上的面经真的太多了，并不一定对孩子们都适用，最关键的还是要教会方法，授之以鱼不如授之以渔，在对的方法和策略下指导孩子们找到更适合自己的求职体系。我们经常开玩笑说，帮孩子们打开求职的任督二脉之后，自然会所向披靡。

这本书细分来看共有6个部分，整体逻辑是按时间条线和求职节奏来组织的，但又相对独立。使用这本书的时候可以一口气读下来，也可以用到的时候直接去看每个章节的每篇文章，相对还是比较灵活的。每个部分呢！侧重点还是不同的。第一部分"选择和定位"；这其实是求职前的"知己知彼"，通过求职前对行业和企业的调研来了解未来的职场，通过自我探索来了解自己的需求，来确定自己的求职方向和职场定位，这一步是非常关键的。定位准确我们能少走很多弯路，这些弯路其实就是我们一开始讲的"就业难"的原因，也就是我们常说的结构性矛盾。尤其是"画像"，虽然写的内容比较精炼，但确实非常有用，尤其是对行业和企业不是特别了解的孩子们。

第二部分"心态与价值观"；我们常说漫漫求职路，为什么用"漫漫"，因为它是个挺"折腾"的辛苦活，我特别喜欢把它形容成一场马拉松。我们能不能顺利的跑下来，拼的不只是体能，还有我们的心态。在众多的学生个体咨询的案例中，我自己看到过很多孩子不是败在能力上，而是败在心态上。以怎样的心态去面对求职，又以怎么的价值观去衡量选择，经过这一年的不寻常之旅，心智的成熟会成为我们未来决战职场的根基。

第三部分"准备与实战"；这一部分可以理解为我们俗称的"面经"，有实习、有简历、有渠道、有网申、有笔试、有面试，都是我们这些年积攒下来的经验。整体读下来之后，求职实战基本功应该能夯实了，但是有一个特别重要的前提，就是一定要真练，纸上谈兵完全没有用，很多孩子道理都懂，但是就是不练，要知道"面霸"没有捷径，都是在一场场笔面试中锤炼和总结出来的，我们提前练的越多，正在求职的时候浪费的机会就会越少。

第四部分"技巧与策略"；这一部分应该算是这本书最与众不同的地方，其他求职类的书籍关于校招的技巧和策略比较少，这些应该是我们在校招战线摸爬滚打多年积累下来的精华。这个有多重要呢？它会影响我们整个校招求职，处理不好反而会满盘皆输。为什么呢？因为校招有自己特有的节奏和风格。我们要想见招拆招，在校招中胜出，需要掌握校招节奏，紧跟步伐，不掉队。在校招中，掌握技巧和策略，就掌控了自己的校招，才能在校招中运筹帷幄。

　　第五部分"手续与政策"；这一部分政策性很强，要完全说明白、说清楚是很难的。对于毕业生来讲，掌握其中的逻辑线最重要。从目前的情况来看，未来就业政策有可能会有重大变化，政策变化后手续怎么办理？一切都是未知数。但万变不离其宗，通过这几篇文章我们认识到其中的核心点即可。

　　第六部分"感悟与故事"；这一部分都来自于质性访谈，通过访谈把最真实的行业、企业和岗位情况反映给孩子们，还有就是每个行业求职中比较看重的能力素质，以及特有的一些"套路"。了解了这些才能有针对性的准备，也方便我们在选 offer 的时候做抉择。

　　"3 分钟说求职"只是我们这些年所做、所思的一部分，想写的还有很多，我们会一如既往的写下去。目的只有一个，用我们微小的力量帮助更多的孩子找到合适的工作，帮助更多的用人单位招聘到合适的毕业生。就业是最大的民生，每个孩子找工作不只是他自己的事，还有他背后的家庭。要问我们的幸福感在哪？我想应该是孩子们签三方协议时发自内心的笑容和得到我们帮助后那一句"谢谢"吧！

　　说到感谢，这本书要感谢的人有太多，我和李健老师都是不善言辞的人，道句感谢，常记心间，未来生活，一起努力！

邸飞　李健
写于 2021 年 4 月 19 日

目　录
CONTENTS

第一部分　选择与定位

关键词：画像

想要知己知彼，一起画个画像吧——勾勒 ………………………… 3

想要知己知彼，一起画个画像吧——临摹 ………………………… 6

想要知己知彼，一起做个画像吧——精修 ……………………… 10

关键词：选择

简历投给谁？offer 怎么选？试试机器猫的时空穿梭门 ………… 14

求职"十字路口"的选择，跳出圈子世界很大 …………………… 18

求职"十字路口"的选择，在最需要你的地方绽放 ……………… 21

第二部分　心态与价值观

关键词：心态

求职包袱太重！本科生三个月做个"求职大作业"，亏不亏？ ……… 27

考研失利我不甘心，还要不要参加春招？ ……………………… 30

找工作到底难不难，拨云见日找自己 …………………………… 33

上帝视角看求职，会不会柳暗花明？ …………………………… 36

比求职技巧更重要的是心态 ·· 40

关键词:价值观

那些比求职技巧更重要的,德才兼备、"德"字在先 ············· 43

我们都是奋斗者,哪有青春不辛苦 ······························ 46

第三部分 准备与实战

关键词:实习

实习是部热播剧,你读懂故事的主线了吗 ······················ 51

暑期实习早班车,秋招"疾风"第一波 ························· 55

困扰我们的小问题,实习不按剧情发展怎么办 ················ 57

困扰我们的小问题,本科求职"没实习"怎么办 ················ 61

关键词:简历

秋招"行动"进行时,准备好你的求职"积木" ················ 64

秋招"行动"进行时,掌握核心你的简历也能自带主角光环 ······· 67

秋招"行动"进行时,一块一块"搭简历"(一) ················ 70

秋招"行动"进行时,一块一块"搭简历"(二) ················ 74

关键词:渠道

那些"超实用"的校招渠道 ····································· 79

那些常见的校招方式,如何使用效率更高 ···················· 83

关键词:网申

秋招"行动"进行时,备战网申——升级"尽调"武器库 ········· 86

秋招"行动"进行时,一起用"故事"拼答案吧 ················ 89

关键词:笔试

最容易忽视却很容易"挂"的笔试 ······························ 93

关键词:面试

求职"面霸"养成记,我叫"不紧张" ························· 96

求职"面霸"养成记,多准备一点真的会与众不同 ……………… 99

求职"面霸"养成记,无领导从"角色"入门 ……………… 102

求职"面霸"养成记,无领导之"抢角色"大战 ……………… 105

求职"面霸"养成记,无领导的"解题之路" ……………… 108

求职"面霸"养成记,聊聊单面的各路"招数" ……………… 112

求职"面霸"养成记,那些容易被戳中的致命伤 ……………… 116

求职"面霸"养成记,离 offer 也许就差一个复盘 ……………… 119

第四部分 技巧与策略

关键词:策略

秋招已在路上,你谋划好了吗 ……………… 125

秋招已在路上,你们要的备战图 ……………… 128

秋招已在路上,一起来细化备战方案 ……………… 131

秋招已在路上,不得不说的小策略 ……………… 134

秋招已在路上,对的时间做对的事 ……………… 137

秋招已在路上,几个变化要提前应对 ……………… 141

线下秋招新变化,定好策略充分应对 ……………… 144

秋招网申接近尾声,哪些策略要调整 ……………… 147

求职进入攻坚期,哪些策略该调整 ……………… 150

本科求职的几个"黄金期",早谋划、早准备、早行动 ……………… 153

迎面而来的春招,掌握节奏冲冲冲 ……………… 156

春招策略:"淘金潮"已来,一起吹起冲锋号 ……………… 159

春招策略:offer 来了一声吼,该出手时就出手 ……………… 161

关键词:技巧

招聘信息不够多? 是不是缺个"求职表" ……………… 164

要成为求职潜力股,盯紧自己的求职大盘 ……………… 168

求职"练"起来,抓住风口"乘风启航" ………………………… 171

面试完还要网申,这样的面试值得吗 ………………………… 174

边实习边求职,我们需要像职场人一样思考 ………………… 177

考研黯然神伤,助你春招尾巴逆风翻盘 ……………………… 180

"考公"独木桥,一起应势而动、顺适而为 …………………… 184

那些一定要珍惜的机会,聊聊选调生 ………………………… 187

第五部分 手续与政策

就业手续"简单点",刨根问底"两条线" ……………………… 193

就业手续"简单点",神器在手、通关无忧 …………………… 196

就业手续"简单点",你们最关心的问题 ……………………… 203

就业手续"简单点",聊聊毕业后的就业手续 ………………… 209

第六部分 行业与故事

关键词:行业

有朋自远方来——和老朋友"金融"叙叙旧 ………………… 215

有朋自远方来——老铁"银行" ……………………………… 219

HR 视角看银行校招,给准备投银行的你们 ………………… 223

关键词:故事

平凡人的平凡事,聊聊机关财务 ……………………………… 227

平凡人的平凡事,聊聊券商清算岗 …………………………… 230

平凡人的平凡事,聊聊银行的那些岗位 ……………………… 233

参考文献 ………………………………………………………… 238

第一部分 01

选择与定位

在谈到求职的时候，很多求职者或多或少存在认知的误区，认为求职最重要的是技巧，只需要知道简历怎么写、面试经验有哪些，往往忽视了极其重要的第一步，那就是自己的求职选择和求职定位。试想一下，如果我们对自己的性格和能力、行业和企业一无所知，在"漫天飞舞"的招聘信息中，我们该怎么投简历？offer来了又该怎么选择呢？求职选择和定位其实就像是暗夜里的灯塔，在它的指引下，我们才能看清目标和方向。所以，求职伊始，我们最需要的就是知己知彼，知道自己想要什么，知道用人单位想要什么，我们需要给用人单位画"画像"，才能全面、系统地了解用人单位，这不仅仅是求职选择的问题，更是我们面试前必须做好的"预习课"；我们需要开启机器猫的任意门，才能叩问内心，知道如何做适合自己的选择；我们需要不断地开阔眼界，才能拓宽思路，给自己创造更多"可能"。这些都在支撑着我们做出适合我们的求职选择和求职定位。

关键词：画像

想要知己知彼，一起画个画像吧——勾勒

这两天有孩子和我说："老师，刚开始找工作，不知道怎么入手。"

经过几次连续追问，我终于明白他的困难是对用人单位和招聘岗位不了解，不知道要从事什么工作，什么工作适合自己。

这可能是求职者都会遇到的问题，刚开始不知道投哪个，拿到 offer 之后，又纠结选哪个。在我看来，正确的求职选择核心在于"知己知彼"。我们做完简历可以算是一个简单的"知己"了，那么"知彼"该怎么做？我们需要给用人单位画个"画像"。画幅好作品要多花些时间，我计划分三步和大家说清楚，先说第一步："勾勒"。

简单勾勒主要是分析单位基本情况和入职门槛，信息来源相对简单，需要做的就是整理和分析，这往往也是我们看到一个招聘信息时首先需要做的。

基本情况与门槛：通过调研用人单位基本状况、历年招聘情况，来确定自己是不是用人单位的目标群体，我们需要了解两个问题。

首先，单位怎么样？要关注单位性质、规模、级别、所在行业、主营业务、股权结构、行业竞争力、合作伙伴等，一般招聘信息上都有单位简介，很多求职者最不愿看企业简介，其实这部分是需要认真读的，读完最好将重点一一列出来。想深度挖掘一下的话，可以先去用人单位官网，了解其企业文化、主要业务、合作者、规模大小、未来的战略方向。如果想更深入了解的话，看看每年的财报，也可以去"天眼查"看一下股权结构、法律纠纷，去"知乎"看一下大家的反馈。这样一轮下来，我相信你不会再问"老师，你了解某某企业吗，能给我说说吗"。

其次，单位喜欢我吗？我经常和孩子们开玩笑说，送上门的一样要珍惜，进校招聘的单位一定是对你比较感兴趣的，所以，招聘信息的来源很重要，学校提供给你的招聘资源要好好珍惜。另一方面，要关注用人单位历年的招聘情况，看看大概的招聘人数、专业及地域分布等。一般大企业都会在官网上公示入围人员名单，会有被录用人员的毕业学校、专业和学历层次。如果一看全是海归，并且连续几年都没有师兄师姐进去，那么说明入职门槛相对比较高。此外，也可以咨询学院或就业中心的老师，看看历年都是哪些师兄师姐去了这家单位。经过这么一番调研，你会知道未来和你竞争的同学都来自哪些学校、哪些专业，这家单位的门槛怎样，你心里就有数了。

认真讲道理：你可能会问，调查这些都有什么用呢？

第一，单位注册地。如果在北京，可以大体预估你们特别关心的拿到北京户口的概率；注册地不在北京的，户口指标一定少或者干脆就没有。

第二，合作伙伴和股权结构可以预估公司的真正实力。

第三，企业财报和战略可以看出公司的发展现状，以及你要应聘的岗位在公司的重要程度。

第四，企业文化。方便你在面试和无领导小组讨论中回答问题、做决策。

第五，历年招聘情况。了解未来的竞争对手，评估自己未来的竞争力，同时也为后续进一步深入调研打基础。

认真讲故事：我们就业中心的学生助理审阅招聘信息的时候，我都会和他们说，看招聘信息就像看文献，当你看到100篇时你就成为小专家了，所以要仔细，要用心，要思考。2017年我们有个小助理，一直勤勤恳恳地审读招聘信息，接用人单位电话，用心地去调研、去思考，在我们就业中心成长很快，几个月下来感觉已经成为求职专家了。最后，本科学历的他靠自己的优秀和靠谱，在春招，成功入职一家大平台企业，并拿到了北京户口，现在发展得很好。

第一步"勾勒"，可以去尝试画一下！期待你的大作！

想要知己知彼，一起画个画像吧——临摹

经过了第一步的"勾勒"，你和用人单位的"初见"是美好的，那我们进入第二步"临摹"，来细致地画一下用人单位对你的要求，和你对用人单位的期待。

首先，弄清楚用人单位对你的要求。这一步其实也就是分析用人单位在招聘信息中提出的任职条件和岗位描述。任职条件和岗位描述在招聘信息中非常显眼，一般会对应聘人员的学历、专业、个人品质、年龄、知识结构、资质证书、专业技能、相关经验、岗位要求等做出要求。很多求职者并没有把它放在显眼的位置，并没有读出它背后的"不同"。但是如果你细细地读，仔细地思考，你会发现不同岗位能力要求不同，甚至同一岗位不同企业的侧重点也都不同，没有对比就没有伤害，后文中我们一起来对比一下。

认真举例子：

现在我们主要看方法，之后再对不同行业的具体岗位系统分析。

基本任职条件

A企业

◆ 诚实守信，责任心强，无不良记录。

◆ 具有良好的创新意识、团队合作精神和沟通协调能力。

◆ 具有较强的学习能力，学习成绩优良。

◆ 身体健康，富有激情，积极进取。

◆ 英语水平六级（含）以上优先考虑。

B企业

◆ 诚实守信，遵纪守法，品行端正，无违规违纪行为及不良行为记录。

◆ 成绩优异，综合素质高，具有较强的学习创新能力、沟通能力、分析判断能力及团队合作能力。

◆ 身体健康，具有良好的仪表气质。具有较强的适应能力，能够承担一定的工作压力。

◆ 认可企业文化，具有较强的责任心、良好的心理素质及服务意识。

◆ 取得CPA、CFA、CFP、FRM等相关资格证书者优先考虑。

◆ 大学本科学历毕业生须具有国家英语四级证书或英语四级成绩在425分及以上；硕士研究生及以上学历毕业生须具有国家英语六级证书或英语六级成绩在425分及以上；英语专业毕业生须通过英语专业八级考试；主修语种为其他外语的，应通过其他相应外语水平考试（以上外语考试成绩及证书须在有效期内）。

◆ 符合亲属回避制度的规定。

基本岗位职责

C企业

◆ 营销服务岗。主要从事客户服务、柜面服务、业务营销及工程造价咨询等工作。新员工入职后，先在基层网点柜员等岗位进行培养锻炼，根据个人表现及工作需要，聘任至营业网点或其他机构相关岗位。

D企业

◆ 市场营销培训生（公司金融方向）：主要从事公司金融方向市场营销及中后台职能管理类岗位

◆ 市场营销培训生（小微金融方向）：主要从事公司小微金融方向市场营销及中后台职能管理类岗位

◆ 市场营销培训生（零售金融方向）：主要从事公司零售金融方向市场营销及中后台职能管理类岗位

图1　企业招聘要求对比

任职条件方面我们来对比一下同一行业的 A 企业和 B 企业，就会发现风格和观测点确实不同，对应聘人员相同的素质要求我们用箭头对应起来。可以看出 A 企业更看重英文优先，B 企业更看重专业证书，且 B 企业特别提出了形象气质和抗压能力。

岗位职责方面我们来对比一下 C 企业和 D 企业的营销类岗位，C 企业详细，D 企业简洁，仔细阅读会发现不同之处在于 D 企业将岗位细化，分方向招聘。

如果你用心看招聘信息，那么应该能猜出以上这 4 家企业的不同特点，虽然大背景类似，但是细看差异性还是不小的，这就是当你用放大镜去对比的时候，能感受到的不同。

其次，你对单位的期待。招聘信息中都会有福利待遇，这其实就是判断是不是符合自己期望的条件之一，我们叫它"职业条件"。那这些条件都有哪些呢？

职业条件

◆ 户口指标　　　　◆ 晋升渠道
◆ 工作地及上班距离　◆ 内部职级
◆ 薪酬　　　　　　◆ 岗位层级
◆ 福利　　　　　　◆ 直属领导（直接汇报对象
◆ 商业保险　　　　　职级）
◆ 股权期权　　　　◆ 管理权限
◆ 工作环境　　　　◆ 激励机制
◆ 年终奖　　　　　◆ 培训机会
◆ 假期天数　　　　◆ 在职进修机会

图 2　职业条件

你可能会说，"老师，这些职业条件招聘信息里面不可能全有啊！"这就还要用到我们之前介绍的老方法——宣讲会+公司官网+知乎+师兄师姐+各路老师+亲戚朋友等。

了解这些条件后该怎么办？先排序，在你心目中哪些最重要，或者最看重，由高到低排一下，你自然就看清楚了你对该单位的期待，以及明白应该把该单位放在你求职列表的第几梯队。

这样一临摹，你既知道对方要什么，也知道自己要什么，是不是有一点"知己知彼"的感觉啦！

认真讲道理：老师，这太麻烦了吧，用途大吗？

那咱们来想想，如果不知道单位要什么，简历怎么修改？面试怎么表现？小组讨论的时候是该口若悬河，还是该用心观察、周密策划？

不知道自己更看重什么，单位能给你什么，当笔试或面试发生冲突的时候，你该怎么选择？

　　认真讲故事：在找我咨询的众多学生当中，有一个男孩让我印象极其深刻，作为理工科研究生的他，找我咨询的时候都会拿着自己的小本子，把单位和自己的情况列得非常清楚。其实他自己已经分析得很清楚了，没必要找我来问。他则表示想要了解不同角度的看法，除了找我，还找了其他人。我听完，老泪纵横，如果毕业生都能用这种态度求职，老师们少操多少心啊！当然，结果是美丽的，他拿到了不少 offer，找到了自己最合适的工作。

　　第二步是"临摹"，可以去尝试临摹一下！老样子，期待你的大作！

想要知己知彼，一起做个画像吧——精修

前面，我们完成了勾勒、临摹，这些足以应付求职的前半段了，但是越往后走，你会发现你了解的还远远不够，这就需要我们再把画像做进一步"精修"。

精修就是要了解这个单位、这个岗位最真实的职业状态，以及这个职业未来能够给你带来的职业价值。

首先，摸清真实的职业状态。用比较通俗的话说，就是这家单位的工作状态每天都是什么样，是朝九晚五准时上下班，还是披星戴月天天加班；是家与单位两点一线，还是"空中飞人"四处出差；是业绩指标相对宽松，还是一把利剑头上悬。这些，都是你走到求职的中后期时需要考量的因素。尤其是当你拿到 offer，要进行最终选择的时候，你就要考虑自己是否能够接受未来的职业状态。那么，职业状态我们该怎么来画呢！

上画布：

职业状态

◆ **工作压力** 　　　　◆ **内驱力** 　　　　◆ **心理状态**

1.加班频率 　　　　1.重复性任务与创新性任务比例 　　1.冲突/危机事件频次

2.出差天数 　　　　2.专业资质更新要求 　　　　2.人脉关系和谐度

3.业绩指标 　　　　3.平均晋升周期 　　　　3.潜在风险

4.项目/成果期限 　　4.岗位轮换周期

图3　职业状态

其次，探寻未来的职业价值。所谓职业价值就是这个单位、这个岗位未来能够给你带来的职业资源，丰富的专业项目积累，高质量、广阔的人脉资源，一定积累后广阔的转换空间。探寻清楚这些职业价值，再加上你自己对未来职业发展的规划，该怎么选择，我想你自然心中有数。怎么画呢？一起来看。

上画布：

职业价值

◆ **入职门槛**：门槛越高，职业价值相对越高

◆ **多样性**：工作多样性越高，多岗位锻炼机会大，价值相对越高

◆ **经验与能力积累**：工作对经验及能力积累要求高

◆ **人脉群体层级**：接触人脉层级，体现职业价值

◆ **职业路径选择权**：未来可选择的职业路径多

◆ **接触管理层频率**：工作向管理层展示或汇报的机会多

◆ **稀缺度**：越稀缺价值越高

◆ **行业未来**：未来发展前景大，价值越高

图4　职业价值

我们知道了画的方法，但是这些信息哪里来？弄清职业状态和职业

价值的方法有两种，第一种就是去实习，现在各大单位都可以在线实习，在线实习其实挺考验单位管理水平和工作效率的，对实习生来讲既能深入了解，还能免去上下班的辛苦。第二种就是与智者聊天，也就是专业的职业访谈。访谈谁呢？那就是在这个单位工作 5 年以上的师兄师姐、亲戚朋友或其他同事。

认真讲道理：为什么职业状态和职业价值在我们做选择的时候这么重要？因为，这和我们未来的幸福有莫大的关系。

试想一下如果你向往的是诗和远方，而工作却让你天天加班。

你希望积累几年跳槽一下能身价翻倍，结果工作几年下来想跳槽却没人要。你会感觉到幸福吗？

认真讲故事：记得有一年暑假值班，来了一个孩子办违约，我看了看违约流向。

我问他："孩子，本科生解决北京户口机会挺难得的，户口不要了？"

他说："老师，我想了很久，这工作状态真的让我受不了，我的工作就是接客服电话，这样干下去，我再想跳到其他单位都没人要我。"

我说："刚开始都这样，都是从基层做起，慢慢会好的。"

他说："老师，我咨询了很多同事和前辈，即使我内部转了岗，未来的生活状态和我的规划差太远了。"

然后，他给我讲了自己的未来规划和为什么选择新单位，我能感受到他谈到原单位时的痛苦，谈到新单位时的憧憬和激动。职业状态和职业价值就是这样和你的幸福感息息相关，一个普通的听众都能深刻地感受到。

我们用了三节内容，完成了勾勒、临摹和精修，画像就这样不经意间画好了。现在让我们把这三步总结一下，以后你们就可以尽情地创作啦！

上画像：

用人单位画像

基本门槛 ⇨	任职条件 ⇨	职业条件 ⇨	职业状态 ⇨	职业价值
◆ 单位性质	◆ 学历	◆ 户口指标	◆ 工作压力	◆ 入职门槛
◆ 规模、级别	◆ 专业	◆ 工作地及	1.加班频率	◆ 多样性
◆ 所在行业	◆ 个人品质	上班距离	2.出差天数	◆ 经验与能力积累
◆ 主营业务	◆ 年龄	◆ 薪酬	3.业绩指标	◆ 人脉群体层级
◆ 股权结构	◆ 知识结构	◆ 福利	4.项目/成果期限	◆ 职业路径选择权
◆ 行业竞争力	◆ 资质证书	◆ 商业保险	◆ 内驱力	◆ 接触管理层频率
◆ 合作伙伴	◆ 专业技能	◆ 股权期权	1.重复性任务与创	◆ 稀缺度
◆ 历年招聘情况	◆ 相关经验	◆ 工作环境	新性任务比例	◆ 行业未来
（学校、学历、专		◆ 年终奖	2.专业资质更新要求	
业等）		◆ 假期天数	3.平均晋升周期	
		◆ 晋升渠道	4.岗位轮换周期	
		◆ 内部职级	◆ 心理状态	
		◆ 岗位层级	1.冲突/危机事件频次	
		◆ 直属领导	2.人脉关系和谐度	
		（直接汇报	3.潜在风险	
		对象职级）		
		◆ 管理权限		
		◆ 激励机制		
		◆ 培训机会		
		◆ 在职进修机会		

图5 用人单位画像

关键词：选择

简历投给谁？offer 怎么选？
试试机器猫的时空穿梭门

同学们，知道为什么要给用人单位做"画像"吗？就是为了能和大家一起聊聊简历要投给哪些企业，如果 offer 来了，我们该怎么选。

因为太多的学生找我们咨询，"老师，我好纠结啊"，基本成了我们就业中心永恒的 BGM。在就业中心这些年，和好多同学聊过求职选择的问题，见过成功的，也见过有遗憾的。刚开始，我还在纠结给同学们分析对比岗位，但是随着时间的积淀和经验的积累，我发现其实同学们在问这个问题的时候，内心多多少少已经有答案了，我们能做的只不过是帮他们去打开机器猫的时空穿梭门，让他们去看一眼未来的自己，再看看内心的答案，是更笃定了，还是有些动摇。那么，怎么来打开时空穿梭门呢？

1. 画幅画像

这就是之前用三节内容说画像的原因，只有对用人单位有足够了解，对未来的职业状态和职业价值认识全面，我们才能做出正确的决定，"知彼"是我们求职选择的基础。所以，做选择之前一定不要偷懒，把画像画仔细，详细的职业条件、职业状态和职业价值是我们进行客观判断的依据。

2. 叩问内心

当几家单位的画像同时摆在你面前的时候，你需要静下来，叩问内心，想想自己到底期待什么，未来想要怎样生活，把个人对职业的期望都梳理清楚，包括自己对个人发展的期待，对生活状态的期待，对家庭建设的期待，对人脉关系的期待，对社会贡献的期待等。其实可以用一个公式来表达：

职业选择=用人单位画像×职业期待（个人价值观）

那么现在，我们用这个公式来解题。

（1）"剥洋葱"

将这个单位、这个岗位画像中最吸引你的东西、你最在乎的地方留下，其他全部舍弃。

（2）"排辈分"

将几个 offer "剥洋葱"剩下的部分横向排序，排出你认为最重要的。

其实，"剥洋葱"和"排辈分"的过程，就是你遵从自己的内心、自己的职业期待和价值观的过程。举一个求职者职业选择的例子。前期"剥洋葱"过程留给大家，我们直接看他"剥洋葱"之后的选择。

企业 A：大国企背景，能解决北京户口，稳定且"小富即安"的生活。

企业 B：实业甲方背景，能做投融资业务，生活相对稳定，忙中有闲。

职业期待：不强求北京户口，希望能继续做专业业务，更看重职业发展，对未来生活的期待，他给了四个字"贵在知足"。

分析：两家企业都有他选择的理由，企业 A 的生活状态是他喜欢的，稳定踏实，也能从事专业业务；企业 B 岗位他更喜欢，相比企业 A 未来转换空间更大。经过"排辈分"，他把"职业发展"放在了最前面，选择了企业 B。结果我认为还是挺美好的，虽然拿到户口的机会很小，但是凭借他的努力，企业 B 也给他解决了北京户口，目前在外地做项目。他自己也很努力，项目做得很好，而且自己一直在不停地学习，工作之余做了不少行研。其实我一直认为他有一颗去券商的心（虽然他不承认），而券商竞争确实比较激烈，受制于专业、实习等多种因素，以应届毕业生的身份很难进去。他选择企业 B 是希望能够给自己未来多一种转型的可能，这样就不难理解为什么选择企业 B 了。

3. 眺望未来

前两个环节完成之后，你可以打开时空穿梭门，眺望一下自己未来的生活，判断这个选择下的工作状态、生活状态以及职业发展状态是不是自己想要的，能不能接受，如果可以的话，那就坚定地选择。你可能会说："老师，会有小遗憾。"是的，多少会有遗憾，即使是你特别中意的工作，在工作了若干年后，回头看依旧会有一些小遗憾，重要的是接受不完美而向着完美奋斗。

认真讲道理：其实，该案例里的前辈还有 C 企业，但是 C 企业和他的职业期待和价值观差太多，即使有很好的待遇和未来，他还是主动放弃了。我想说的是，选择的前提是企业和你在价值观上的相互认同，如果为了待遇或者户口，明明不认同反而接受，未来的你有可能会很不幸福，不一定选择别人眼里最好的，要选择自己最适合的。

认真讲故事：我有一个特别好的朋友，他也是所有接触过的毕业生中我最佩服的人之一。他对自己的生活及未来发展的主线非常明确，求职的时候果断放弃了户口，最后入职了某头部券商，拼命学习，努力工作，积攒了一身本领，目前在一家中型券商里面带团队，做得很好，天天找我们要靠谱的毕业生。

所以，别纠结了！

做好画像，找个宁静的夜晚，叩问内心，开启时空穿梭门！

求职"十字路口"的选择，跳出圈子世界很大

　　谈到求职的时候，我们永远避不开"选择"，而"选择"也是毕业生最迷茫和最纠结的。站在求职"十字路口"，我们若没有特别清晰的认识和想法，一般都会人云亦云，跟着"大多数"走了。"我们宿舍都考研，那我也考一个吧！""师兄师姐都在北京，那我也去北京吧！""这个单位不了解啊，还是不要去了！"这可能是我们绝大部分毕业生找工作时候的"潜台词"。每年各高校发布的就业质量年报显示，各高校毕业生一般都愿意扎堆在高校所在地，也都愿意扎堆在某几个固定的行业，整体来看有相对集中、单一的趋势。对我而言，在就业一线出差是常事，我也因为工作原因走访过很多企业，每次和用人单位交流完，我都深深地感受到我们真的需要跳出自己固有认知的圈子，去感受外面的世界，其实机会真的不少。在这里结合自己的感受聊聊毕业生咨询最多的两个问题。

　　问题一：留在哪个城市呢？是在北上广深打拼？还是回老家工作？

　　关于工作地的选择有太多的影响因素，薪酬、户口、教育、医疗、平台、发展等，掰着手指头一个个地数，反而会越数越乱。以前我经常和来咨询的同学逐个因素地分析利弊，其实效果并不好，之后我干脆就问同学们一个特别简单的问题，"为什么一定在这呢？非它不可的理由

是什么"。当我打破砂锅问到底的时候，反而问不出一个清晰的答案。很多同学都没有彻底想清楚，只是糊里糊涂地追随师兄师姐的做法。以北京为例，很多同学留京主要有两点：北京待的时间长；北京机会应该多。其实自己并没有真正想明白自己非留不可的原因，也没想明白自己到底适合与否，所以宁愿就这样漂着，也不愿意放眼京外。当你因为待久了不愿意离开，为一个户口指标四处碰壁、头破血流的时候，京外早已掀起了一波波"抢人"大战。如"先落户、再就业"等开放的落户政策，住房补贴、学费代偿、生活补贴等真金白银的优惠政策，很多"新一线"城市正在敞开怀抱，拥抱人才。第一财经发布的《2020城市商业魅力排行榜》里的15座"新一线"城市，它们依次为成都、重庆、杭州、武汉、西安、天津、苏州、南京、郑州、长沙、东莞、沈阳、青岛、合肥、佛山。这些城市的人才政策都非常"诱人"。问题可能又来了，"老师，这些我都知道，但是还是感觉北京机会多"。刚毕业的时候我也这么认为，随着认知的深入，我越来越感觉职场是场马拉松，需要我们用更长远的眼光去看待问题，短期的成功其实不代表真正的成功。怎么能发展得更好呢？一定离不开大环境，当你身边的大环境在飞速发展的时候，不知不觉都会推着你往上飞。我们一直谈将个人职业发展和国家发展战略相结合，归根到底就是希望个人能踏上国家飞速发展的浪潮，贡献力量的同时扶摇而上。再看这15座"新一线"城市，都处于高速发展的上升期，并且都分别和"一带一路"、长江经济带发展、粤港澳大湾区建设等国家战略紧密相连。我们经常开玩笑，当我们的孩子还在"北漂"当螺丝钉的时候，京外很多孩子都有能力从地方调回中央了。所以，在选择城市的时候，向外看看，向远看看，向未来看看，然后再回头看看自己"非留不可"的原因是不是还坚不可摧。

问题二：在哪个行业比较好？是留下来还是跳出去？

我和很多毕业生聊过这个问题，得到的比较多的答案就是：还是留在某某行业吧，毕竟熟悉。很多时候这种"熟悉的惯性"，会让我们错过很多机会。每次在给毕业生做就业形势分析的时候，我都会和很多毕业生讲我们走访用人单位的感受，很多实业大国企投融资部门都需要有财经背景的毕业生，很多大国企的财务公司所做的工作也并不是我们以往想象的机关财务工作，业务种类其实非常丰富。大甲方、有户口、手握优质资金流、有专业金融人才需求，这种实业、互联网行业或者其他新兴行业的"泛金融"岗位是值得关注的。与其一头扎入金融圈，不如跳出圈子寻求其他机会。在和用人单位交流的过程中，不少单位还是非常青睐我们学校的毕业生，而我们学校的毕业生却更愿意或者更喜欢选择"熟悉"，而不愿意去尝试了解或去选择相对陌生的行业。你可能会说："老师，金融机构项目多，能迅速提升专业能力，成长也快。"这一点确实是，但换个角度想，相比金融行业的专业人才，在"泛金融"领域，你的专业优势更可能会成为你的比较优势，当你的比较优势逐步精炼转换成不可替代的核心优势时，你未来的职业发展是不是也会更加顺风顺水？这样看来其实也"挺香"。

谈了大家问得最多的城市和行业的选择，归根到底就是想告诉大家，我们的眼界要更加开阔一些，要学会跳出自己的圈子去看外部的世界，根据自己的优势找到适合自己的切入点，传统的优势我们要保持住，外面的世界挺大，不如去看看。

求职"十字路口"的选择，在最需要你的地方绽放

关于求职选择，我们聊过要勇于跳出自己的圈子向外面的世界看。而当你向外看得越来越远的时候，你会发现有这样一批人，他们没有走寻常路，而是选择踏着时代的节拍，将个人的职业发展和祖国的需要相结合，到祖国最需要的地方去。这些年，我们每年毕业时都会欢送这些毕业生，平时和他们接触比较多，从他们的朋友圈中能深深地感受到他们的快速成长。这也许就是"需要"带给他们的力量。问题又来了，"老师，我怎么不知道校招有这些，他们都去哪儿了呢？"，那我们就一起聊聊，校招中这些你不太了解但又不寻常的选择。

1. 选择基层

近年来，除了各省市的"抢人大战"，还有一个词不得不提，那就是各省市区的"定向选调生"计划。虽然各省市区在细化政策上不同，但是在基本面上还是存在很多共通点。总的来说，定向选调生就是定向部分高校，在"特殊"平台下"特殊"培养的"特殊"群体。一句话我用了三个"特殊"足以看出它的与众不同。

（1）"特殊"平台主要是招录方式不同

区别于省考的千军万马挤独木桥，定向选调生只面向部分高校，各个省市区的高校范围有所不同，但大部分以双一流建设高校或双一流建

设学科高校为主，有的省市区会限制在双一流建设高校或者双一流建设学科高校的一流建设学科。圈定了高校就意味着竞争对手在总量上大幅度减少，部分省市区政策很好，会在各个高校有相对固定的招录计划，这意味着你不需要和其他高校的高手过招，只需要和自己的同学 PK，竞争压力会小很多。

（2）"特殊"培养主要是指定向选调生需要在基层"真枪实弹"地历练

各省市区政策不同，目前普遍的情况有两种，一种是选调生人事关系在省直或市直部门，去基层乡镇挂职锻炼三年到五年；另外一种是直接签到基层乡镇。我知道一提到"基层"大家可能都有点小迷茫，也有诸多小顾虑。这里聊聊我自己的一些看法，你们在基层的师兄师姐其实"啃"的都是硬骨头，有些挂职副镇长，负责的都是扶贫、拆违、招商、防汛等工作，是真的历练！有一位 2017 年到岗的本科学生，在副镇长的职位上干了三年，在我看来真的是脱胎换骨的成长。从我自己工作的感受来看，其实不管从事什么工作，基层的工作经历就像树根，扎得越深未来才能长得越高。可能问题又来了，一直在基层，还有可能去市直或省直吗？我曾经和一个孩子聊："你们人事关系都在市直，基层挂职完之后，打算回哪儿？"他一点没犹豫："继续在镇里干啊！"我多问了一句："其他人呢？"他又一点没犹豫："大家都差不多是这个想法。"

（3）"特殊"群体主要是指定向选调生特有的培养政策

整体来看，大部分省市区按学历层次来分，在有岗位的情况下，岗位或待遇一般会参照本科生副科、硕士正科、博士副处的标准，当然各省政策不一。但是有一点各省市区基本相同，那就是都非常看重定向选调生，一般都将定向选调生作为储备干部来跟踪培养。

详细地说"定向选调生"在校招的层面是基层项目的主力军，其实还有很多的基层项目，如西部计划、特岗计划、三支一扶等。

我每年都会和部分省市区组织部门的老师们多聊几句，我的深刻感受有两点。一方面地方经济建设需要我们，记得一位前辈和我说过一定要来我们学校招聘，因为他们特别需要懂经济的管理干部。另一方面我们的毕业生去了基层，带去的不只是财富，更多的是知识和榜样的力量，会有更多原本计划在大山待一辈子的孩子们，因为我们的毕业生而走出大山。说了这么多就是想告诉你们，基层大有可为。

2. 选择重大战略

每年都有很多毕业生投入"一带一路"、"长江经济带"建设、雄安新区、粤港澳大湾区等国家战略建设中。前几天，看到一位师姐在雄安新区的工作照，照片背景是数以百计、密密麻麻的大吊车，那场面让人无比震撼。除了震撼之外，你更能在照片中感受到她投入其中的满满幸福感。

3. 选择国际/国家大事

这几年都有毕业生在国际组织实习，甚至在各类国际大事上都能看到他们的身影。有的毕业生加入 2022 年北京冬残奥会的筹办当中，不是借调，而是去工作。近几年，2022 年北京冬残奥会在高校都有校招，各项政策非常好，京外生源是有机会落户北京的。

4. 选择重要领域

校招层面，每年都会有一定量的专项招录，从事重要领域的专项工作，这里不便多说，校招时请多关注就业老师们转给你们的各路信息。

我们的求职选择，除了要跳出自己的"舒适圈"，看得更广，更要踏上时代的浪潮，看得更深。每个时代都会赋予一代人一个"契机"，只有抓住时代的契机，才能更好地抓住人生的契机。将个人理想和祖国需要相结合是赋予我们这代人的契机，毕业生要到祖国需要我们的地方去，让青春在最需要我们的地方绽放。

第二部分 02

心态与价值观

求职心态的调整是需要贯串我们求职全过程的，需要我们像调节天平一样，不停地加减，找到最适合我们的平衡点。求职初期，能够正确地认识外部环境，不被"纸老虎"吓倒，又不"佛系"；求职关键期，能够跳出"自我"，以上帝的视角去看、去思考；求职瓶颈期，能够排除纷扰，咬牙坚持，不抛弃、不放弃。漫漫求职路，良好的心态是我们劈波斩浪的动力之源，如果动不动就心态崩了，我们一定很难坚持跑完全程。而在奔跑的过程中，我们会发现沿路会有很多"岔路"，我们需要守住底线，不被这些"岔路"所迷惑，走了不该走的捷径。德才兼备，德字在先。守住初心，调整好心态，一起披荆斩棘。

关键词：心态

求职包袱太重！本科生三个月做个
"求职大作业"，亏不亏？

一提到找工作，许多本科生们的第一反应往往是：我没准备好，我拒绝。求职被大家赋予了太多太多，还没开始，就背上了太重的思想包袱，好像只有穿上钢铁侠装备、武装到牙齿才能去工作。与其背负这么多，不如放轻松一点，把找工作当成给自己安排的一个课外大作业，HR 不再是考官，而是帮你完成大作业的小伙伴，这样，你会更有自信，也不会想太多，更不会那么焦虑和紧张。

三个月，求职大作业

作业题目：亲历求职和领悟职场

作业成果：获得 offer

作业周期：三个月

作业要求：目标明确且投入实际行动，至少保证每天有三个小时的时间投入。

那三个月后，我们一起来看看你会有哪些变化？到底亏不亏？

1. 从未想过自己能如此清晰地看到未来能做什么

当你听完了春招所有的宣讲会，对于行业、岗位、薪酬、发展等，你将"门儿清"，自己未来想做什么也会慢慢地浮出水面。我每次和毕业生分享的时候都举这样一个例子：为什么就业中心优干保研的老师和学生助理团的孩子工作找得都不错，因为他们"盯"过宣讲会，对于未来职业的发展和认识，比同龄人更加成熟。我经常开玩笑，如果再让我经历一遍大学，我经常蹭的一定是各大单位的宣讲会。

划重点：现在宣讲会都在线上举办，可以坐在家里听宣讲了，尤其是就业网上的"国聘行动"，百家知名企业空中宣讲，你想了解的那里都有。

2. 从未想过能如此剖析自己

做过简历的都知道"做简历"就如同"照镜子"，将自己的简历对着招聘简章梳理完，你现实的大学生活和理想的大学生活会同时出现，自己缺什么，我想你应该会比任何人都清楚。

3. 从未想过自己能如此侃侃而谈

有条理、摆数据、做案例、讲故事，一分钟、三分钟、五分钟，单面、群面、无领导小组讨论，不管你想不想，都得来一遍，到时候可以拍着胸脯和师弟师妹说"咱是过来人"。

4. 从未想过自己能如此多线操作

日程表排得密密麻麻，笔试完成再面试，面试重了也能来个极限操作，没有影子帮助分身，竟然还能如此高效。

5. 从未想过自己能站在上帝视角看问题

面试官的一颦一笑、一问一答，都会被你猜中。

6. 从未想过自己能站在业务大牛前"班门弄斧"

终于把专业课从头到尾又过了一遍，原来现在才学明白。

7. 从未想过自己能屡败屡战，还能不断升级

踩过的坑能写一本满满的求职"面经"，为的是绝不能再踩同一个坑。

8. 从未想过自己能碰到这么多战友

今天的战友，明天的伙伴，未来有可能是你的伯乐。

9. 从未想过自己居然是"王者"

逼你练就十八般武艺，活活把青铜逼成了王者。

从未想过……

三个月后，期待你的答案！

考研失利我不甘心，还要不要参加春招？

　　每年的考研初试结果一出，几家欢喜几家愁。不少初试不理想的同学这个时候都会觉得考研有太多的遗憾，如"方法有点问题，浪费了时间""再努力一点点就能上岸了""学校没选好，应该再保守一点""如果再给我一次机会，我一定比这次强，我不甘心，我要'二战'"。我特别能理解初试结果刚出来想"二战"的同学，他们恨不得马上就秉烛夜读，迅速开启备考生活，抓好每一分每一秒，去弥补第一次失败的遗憾。但是，越是心急如焚，我们越是应该放慢脚步，静下来重新审视一下，这个阶段我们更应该干什么。我们都知道考研战线不能拉太长，从 6、7 月份开始准备是比较合理的，那 3、4、5 月这段时间该怎么办呢？我建议我们要缓一缓，先放下纠结，不去想自己该不该找工作，也不去论证自己"二战"成功的概率有多大。先不用着急做抉择，而是顺着往下走，往哪走呢？去春招瞅瞅！"老师，我可能不会选择去工作，我还要去春招吗？"要去！因为这和我们当初选择考研一样，对本科生来说，校招同样是他们成长道路上一门非常重要的必修课，它能给本科生们带来很多收获，特别是对于未来学业和职业的规划。我经常和来咨询的同学们聊，即使成功保研了，也要去校招走一遭，经历过校招的洗礼，很多困扰都会柳暗花明。那么，春招能给我们带来什么呢？

1. 照清现实差距

给本科同学们做咨询的时候，听得最多、最怕听到的一句话就是——"老师，我的简历没什么可写的"。做简历如同"照镜子"，不少同学缺乏规划，大学四年懵懵懂懂地过完了。到要找工作做简历的时候才开始"照镜子"，镜子一照才如梦初醒，原来大学四年里参加的活动和实习经历都写不满一张 A4 纸。试想一下，如果我们就这样懵懂地从本科走到硕士，硕士毕业的时候，会不会同样感慨"老师，我的简历还是没什么可写的"。见贤思齐，我们需要在人生的关键阶段认清自己的差距与不足，而春招对本科生们来说，可能是最后、最好的认清自己的机会。太多的本科生们和我分享春招后的感受，面试过无领导小组讨论，才知道自己嘴皮子真不如别人利索，脑子也不如别人转得快；和其他高校的同学们同场竞技过，才深刻地体会到什么叫"高手如云"；看过大神的简历，才知道自己未来能做的、要做的事情还有太多。校招就像做一次深度"体检"，对在象牙塔待久了的同学而言，越早查出自己的"小毛病"，我们才越能有机会除掉它，让自己变得更加"强壮"。当我们读完硕士再走向求职战场的时候，才能所向披靡。

2. 敢问路在何方

给研究生改简历的时候，看到"职业主线"特别清晰的同学，我都会深入访谈一下他们。我发现一个特别有意思的现象，很多人考研复试后都参加过春招，虽然都是"打酱油"去的，但他们都有不少意外收获，其中提到最多的就是，"对硕士毕业后要干什么更加清晰了"。这种"清晰感"就是在求职的过程中潜移默化来的。我们要找工作，自然会听宣讲会来了解企业和行业，当我们听了十几个行业、上百家企业的"自我介绍"后，哪个更吸引我们自然会有答案；当我们辗转于不同层级、不同地域、不同行业的用人单位的笔试、面试时，当我们和用人单位之间不停的双向选择时，哪些更青睐我们，哪些更适合我们，自然也会有答案，就是在这些碰撞和摸索中，我们才能更清晰地找到适合自己的职业主线。越早确定职业主线，我们越容易赢在起跑线上。当其他人还在尝试用大量实习来寻找未来职场方向的时候，我们已经在自己确定的主线下实习、深耕细作、积累求职资本了。这就相当于我们用本科春招为未来研究生求职争取了更多时间。

3. "打通任督二脉"

我经常问来咨询的同学们，校招最大的收获是什么？很多同学告诉我，"找完工作感觉自己长大了"。"长大"，从"小白"变成了"面霸"，不仅仅是 3 个月内语言表达、逻辑思维等综合能力的飙升，其实更多的是心智上的成熟。不再单纯的以"学生"的视角去看待自己，而是真正以一个"职场人"的心态来面对生活。而很多同学选择考研，一定程度上还存在"不想长大"的心态。如果可以选择的话，我们是愿意以"不想长大"的心态读研，还是以"职场人"的心态读研呢？其实，大家都希望早一点做好求职准备，毕竟研究生之后，已无路可退，不管是否准备好，我们都要踏入职场。既然这样，你们愿意错过最后的春招，放弃打通求职"任督二脉"的机会吗？

经历过校招我们还会收获一群志同道合的朋友，甚至还会遇到未来给我们实习或工作机会的师兄师姐等。与其纠结要不要"二战"，不如用好毕业前这 3 个月时间，去春招走一遭，当我们经历多了，眼界宽了，心智也就更为成熟了，未来的路自然也就更加清晰了。或许我们会选择直接工作，或许我们依旧会选择"二战"考研，但是至少我们经历了，成长了，对于未来的学习、工作和生活也会有大致的规划。总之，本领在自己身上，谁也抢不走。

找工作到底难不难，拨云见日找自己

每到秋招季，都会有学生和我们说："老师，我看毕业生总人数又增了，今年是不是最难就业季，找不到工作怎么办？有点小不安。"一般这个时候我都会告诉他们："外部形势难与不难，咱们心中有数就好，到底难不难还得问自己。"说到底，外部整体就业形势压力大，是各级就业管理部门需要天天盯的。对于找工作的我们来说，你更需要排除外界的纷纷扰扰，从自己的角度来看"到底难不难"，怎么看呢？我们来聊聊。

1. 找准位，看准数

在和很多学生聊的过程中，发现不少学生过度放大外部环境的压力，被"吓破了胆"。"今年太难了，我还是再考一年研究生吧！""今年太难了，我还是跟着下一届再找吧！"我经常开玩笑说每年都是最难就业季，逃避是解决不了问题的。其实，一直盯着每年都在增加的全国毕业生总数，对我们个人求职来讲，意义并不大。关键在于找准自己的定位，看看真正和自己竞争的对手人数有没有增长，再看看我们的目标岗位有没有减少。在给每届毕业生做就业形势与动员分析的时候，我都会把我们竞争对手的人数和目标岗位仔细扒一遍。几年下来，我发现一个规律，虽然每年毕业生总量增幅比较大，但是我们的竞争对手增量并不大，走势是非常稳定的，岗位也是相对稳定的。所以，面对不断加大的外部就业压力，我们要真正看清、看透，找准自己的位置，理性看待就业压力，关键是要坚定信心，迎难而上，而不是不战自败，落荒而逃。

2. 最适合，才最好

经过了这些年一线就业工作的锤炼，我深刻地感受到就业最核心的问题在于供需两端的结构性矛盾，我们所做的工作其实就是最大限度地平衡供需两端的矛盾。用特别通俗易懂的话来说就是让适合的人到适合的岗位上。但是，你会发现，很多同学都会对自己的求职期望过高，都想去最优秀的单位，而不是找最适合自己的单位。换句话说就是"爱你的你不爱，不爱你的你死追"。为什么会这样呢？因为我们在求职过程中受到太多外界因素的影响，太容易将别人认为好的，坚定地认为是自己想要的。至于是否真正适合自己，其实自己也不知道。为什么总感觉就业难呢？就是因为总在追那些难度很大但其实并不适合我们的岗位，很容易就撞得头破血流。所以，要适时合理调整自己的求职期望，最好的，不一定最适合；最适合，才是最好。

3. 越努力，越幸运

和不少成功求职的孩子们都聊过就业难不难的问题，得到的答案还是比较一致的——"难不难和你拼不拼有很大关系"。给大家看一组数据，其实每年各高校就业质量年报上都会公布这些调查数据。以 2019 届毕业生为例，我们的毕业生总体平均投递 42.97 份简历，平均接到 18.47 个面试邀约，平均收到 3.92 个 offer。这还是平均数字，很多孩子刷起简历来都是上百份，是不是能够感受到大家找工作有多拼？那结果怎么样呢？从我们调研的结果来看，投简历数、获得面试数和最终的 offer 数是呈正相关的，也就是越努力的孩子，会越幸运，拿到 offer 的机会就会越大。其实不只你们在拼，各级就业管理部门和高校就业老师们也都拼了老命，找资源、找渠道，千方百计助力毕业生成功就业。尤其是疫情期间，基本上是马不停蹄、连续奋战。那就业到底难不难，拿到 offer 的机会多不多？那就要问问自己，是不是真的够努力，是不是真的拼尽全力。

找准定位，看清形势，坚定信心，调整期望，拼尽全力之后，我们会变得更强大，会更有力量披荆斩棘、冲破艰难险阻。

上帝视角看求职，会不会柳暗花明？

这段时间给同学们改简历、做咨询，发现好多同学已经沉浸在各路"面经"当中无法自拔，活生生地做出了当年"5 年高考 3 年模拟"的感觉。面对铺天盖地关于简历和面试的问题，我其实最想和你们说的是"别这么紧张，咱们换个思路，试着以上帝视角去看问题"。看看那些让你纠结的问题，会不会柳暗花明？

用上帝视角看求职，需要三步。

1. 开启"上帝"视角

开启"上帝"视角，你要明白以下几个道理：

（1）面试官不是敌人，而是伙伴。要知道面试官的目的不是把你问得体无完肤，而是想更深入地了解你，帮你挖掘出最好的自己。你想找工作，他想完成自己的工作，你们是平等的合作关系。

（2）你和面试官都在寻找一种"合适"。面试官在寻找适合的人，你在寻找适合的工作，你们之间彼此需要，你的任务是告诉面试官你最合适。

2. 看

作为"上帝"一定要看清楚。

（1）面试官想要什么，测试你的"尺子"是什么

面试官都有一把"尺子"，基于这把"尺子"去观察、去发问，当你知道这把"尺子"你就明白他要考查什么。你要面试的每个岗位，不同行业、不同企业的侧重点不同，但是最基本的都万变不离其宗，现在给你把基础款"尺子"，你只需要调查一下岗位、行业要求以及企业文化，找到侧重点，你就拥有了面试官量你的尺子。

上尺子：

价值观

- ◆ 诚实守信、为人正直
- ◆ 有情怀，有担当
- ◆ 渴望成功、进取心强
- ◆ 愿意合作，乐于分享

性格特征

- ◆ 坚韧不拔、内心执着
- ◆ 积极乐观、抗压力强
- ◆ 勇于探索，勇于创新
- ◆ 服务意识、同理心

能力素质

- ◆ 逻辑思维、问题解决
  （洞察本质、有效应对）
- ◆ 沟通能力
  （准确表达、倾听互动）
- ◆ 团队配合
  （关注他人、有效激励）
- ◆ 组织推动
  （目标分解、有效执行）
- ◆ 持续学习
  （善于学习、乐于学习）

专业、技能、知识

- ◆ 办公技能
  （文字功底、数据分析）
- ◆ 行业知识
  （认同、了解、深入）
- ◆ 专业应用
  （财务、法律、外语、计算机等）
- ◆ 文体特长

图6　测试"尺子"

（2）你拥有什么，你的"冰山"要展露什么

其实，我们每个人都是一座"冰山"，面试官需要的是让你的内在

更多地浮出水面。那么，我们要做的就很简单，把"尺子"要的一个
个都找出来，用数字、案例或者故事表述清楚，然后浮出水面。

上连线题：左边是你，右边是尺子

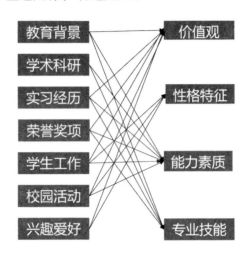

图 7　求职连线图

在"上帝"看来，求职原来是个"连线题"啊！

认真讲故事：有一个毕业生，非常优秀，应聘几个心仪的公司都止
步于业务面，找我诉苦。"我专业没问题啊，为什么不要我啊？！"我让
她给我还原了一下所有的面试场景。发现她原来根本不了解她面试公
司、团队的要求和氛围，她心中只有一个执念，我要展示我是最强的。
我告诉她表现得太强了，不一定就是最合适的，你首先要知道他们都是
怎样的人，才能知道他们要什么人。于是她放下了心中的执念，根据不
同公司、团队的氛围调整自己，该挥斥方遒的时候挥斥方遒，该内心柔
软的时候内心柔软，而不是一味将自己伪装成无所不能的超人。当然，
结局是美好的！

3. 求职

经过前两步，现在你可以拿着"尺子"去看各路"面经"了，看

看那些刁钻的问题背后都想考你什么？

是不是终于明白，为什么要"100 封不同的简历投 100 个不同的公司"？

是不是终于明白，面试官问你有没有男/女朋友，是要考查你的稳定性了？

是不是终于明白，无领导小组其实只是模拟公司未来的项目决策讨论呢！

以上帝视角看求职，你柳暗花明了吗？

比求职技巧更重要的是心态

不少同学都守得云开见月明，拿到自己最理想的 offer，都会喜大普奔过来和我们分享欢乐。除了欢乐之外，基本都会有这么一句话，"老师，这段时间真的太不容易了，还好自己心态没崩"。走过毕业季的都知道，找工作不光是技术活、体力活，还是个虐心活。很多孩子其实没有败在求职技巧上，而是败给了自己的心态。漫漫求职路，闹心事太多，要时刻保持好心态这简直太难了，但是有几个关键点我们还是可以牢牢把握的，在这里，我们一起聊聊。

1. 做自信的自己，做最好的自己

找工作就是一个从零开始、不断打磨、由青涩到成熟的过程。前面的路会很难，很长一段时间我们是看不到希望的，这个时候特别容易陷入自我否定的怪圈。"我都这么努力了，是不是我真的太差了！""这场无领导对手看起来都好强啊，我挂定了！"越是在低谷的时候、越是在紧张的时候，越是需要自信，越是要给自己强烈心理暗示，告诉自己"我一定行"。我最好的挚友，也是我们同学中目前发展最好的一位大神，和我说过"其实每个人都会紧张和自我否定，表面上不紧张的人其实只不过很善于隐藏罢了，我每次上台唱歌、主持或者开会第一个发言的时候，我都不断地告诉自己，不管台下是谁，听我唱歌的、看我主

持的、听我讲 PPT 的都是我的粉丝，即使我有点小失误，粉丝也一定
会原谅我。"他的这段话，让我受益至今，当你面临强大对手或身陷挫
折的时候，需要给自己更多暗示和勇气，找回那个自信的自己。

我们小时候大多数都有一个共同的敌人，就是"别人家的孩子"。
其实，我们找工作的时候，经常被"别人家的孩子"搞崩心态。我们
经常会接到这样的咨询电话——"老师，我宿舍的人都有 offer 了，我
好焦虑啊。""老师，我觉得我和××差不多啊，为什么她找的工作比我
好那么多!"我一直认为找工作和穿鞋一样，合不合脚只有自己知道，
最适合自己的才是最好的。求职过程中一定要学会屏蔽外界对自己的负
面影响，笃定地做最好的自己，笃定地找最适合自己的 offer。

2. 永远积极向上，永远热泪盈眶

前几天接到了一个令人无比兴奋的电话，春招末期先后被两家企业
"放鸽子"的小姑娘，成功上岸拿到了她最在乎的户口指标。我问她这
过山车般的求职经历有哪些收获? 她说她要感谢自己比较乐观和积极的
心态，才没被一棒子打死。的确如此，看似短短的一年求职时间，在内
心要经历的反而是一场旷日持久的马拉松，能否用积极、乐观的心态面
对沿途的沟沟坎坎，决定着我们能不能跑完全程。能坚持到最后的都是
赢家，赢家往往懂得笑对逆流。

3. 悦纳生活，悦纳自己

在求职过程中，我们一定要明白一个道理，找到适合自己的好工作
需要"天时地利人和"，有的时候无关乎能力、素质，可能就是欠缺那
么一点点小运气。所以，当走到南墙，撞得头破血流的时候，要懂得
"回头"，要懂得适时调整自己的求职期望和求职心态。不高压自己，
不强行死磕，要学会接受现阶段的自己，悦纳现阶段的状态，立足当下
的同时，积极地去规划未来。应届毕业生进不来头部券商，可以选择先

入行，找个项目多的团队，积攒几年再冲击。只有从内心悦纳自己的现状，才能更清晰地分析、规划好自己的未来，支持我们做出最正确的选择。

漫漫求职路，走到最后拼的都是心态，比求职技巧更重要的，往往是我们那颗强大的内心。来，一起修行吧！

关键词：价值观

那些比求职技巧更重要的，德才兼备、"德"字在先

前几天腾讯的 2021 校园招聘全球启动，官方宣讲视频中最后说了这么一段话——"正直是腾讯的第一价值观，简历中有任何虚假信息，一经发现会直接拉黑，即使发出 offer，也会直接取消"。这让我想起多年前和一位业内资深前辈聊天，我问他招聘的标准是什么？他的回答也很简单：德才兼备，"德"字在先。其实，这几乎是所有用人单位招聘的共识和初衷，不管是简历、网测，还是笔面试、实习，设置了那么多轮考查环节，无非就是希望能够看清应聘者的"德"与"行"。所以，漫漫求职之路，我们要时刻让自己保持"清澈明亮"，不能揉进一丝沙子，你的"德"远比求职技巧重要得多。而同学们都是第一次求职，有的时候难免会看不清、看不透，也可能会因为一些所谓的"小聪明"而翻了船。在这里，聊聊我自己的一些看法。

1. 做真实的自己，做最好的诠释

求职技巧不是把我们粉饰成另外一个我，而是在真实的基础上给自己最好的诠释。简历不要掺水，面试不能说谎。因为我们都知道一个特别简单的道理，只有经历过，才能真正地描述清楚，才能有更深刻的体会和认知。你的杜撰是经不起仔细推敲的，当在相对紧张的环境中，用自己现学现卖杜撰来的经历去忽悠对面阅人无数的面试官，试想一下，我们蒙混过关的概率能有多大呢？我们真正需要做的是把我们自己有的写好、说好、诠释好，而不是把别人有的抄来、拿来、杜撰来。

问题来了，"老师，我们这么辛苦，去看那些'面经'，图什么呢?"其实，求职技巧有三层重要功效：首先让你不犯"大错"，其次让你了解流程、熟能生巧，最后给你"锦上添花"。它最核心的功能是"锦上添花"，万万不可"无中生有"。

2. 为他人着想，为自己规划

在求职过程中，我们拿到的 offer 往往不止一个，在面临选择的时候，要学会为自己规划的同时设身处地地为他人着想。求职过程中多项选择问题，用人单位其实都能理解，毕竟我们每个人都是从求职阶段过来的。包括我们自己的那些"理由"，其实 HR 心里都有一杆秤，如果想拆穿的话，几个核实电话就够了。这期间最关键的是我们要以感恩的心态为他人着想，如果我们真有其他的想法，一定要提前并及时和用人单位沟通，让你和用人单位双方内心都有一个心理预期和准备。没有一丝征兆，突然就走了，会让给你机会的用人单位无比被动，我们要知道从简历筛选到最终的签约，用人单位是要投入大量的人力、物力和财力的。

3. 圈子很小，用心维护

诚信是我们做人的根本，契约精神更是一个成熟职场人必备的素质。虽然不支持同学们主动解约，但是如果下定决心要违约，一定要和用人单位提前沟通、友好协商。首先，这是最基本的职业素养；其次，我们要明白圈子其实很小，HR 之间经常"互通有无"，老东家在未来的项目中很可能会成为你的甲方。你自己的职业"口碑"从求职那一刻起就已经开始运转，你走的每一步都会影响到自己的"口碑"，这是非常值得我们用心去维护的。所以，对契约不管不顾、掩耳盗铃，会给自己埋下一个巨大无比的"定时炸弹"。

　　还是那句话，德才兼备，"德"字在先。比求职技巧更重要的，永远是你在求职过程中每一步所体现出来的"德"。求职过程中，真实、不掺水；签约过程中，感恩、诚信、懂得为他人着想。从求职第一步开始，不要"小聪明"，扎实走好每一步，德才兼备，行万里路。

我们都是奋斗者，哪有青春不辛苦

每年年底，我们都会接待一些来办违约的同学，在和他们聊天的过程中能够深深地感受到这几个月的工作给他们带来的"不幸福"。当被我问到不幸福来自哪里的时候，很多同学都会回答，"老师，这份工作和我想的差太多了"，这个时候我一般都会给他们分享几个小故事。

1. "大浪淘沙，再坚持一下"

财经类高校的同学对投行或多或少都心存向往，每年几个头部券商的暑期实习我都会在现场，每年问得最多的问题就是："老师，暑期实习怎么才能留任。"很多资深 HR 的回答很简单："首先你要坚持下来。"等到来年 6 月份，这届同学来学校办理签约手续的时候，我一般都会再追问一下："咱们学校一共签了多少人？"同学们的回答也很简单："老师，坚持到最后的大部分都签了。"有些同学毕业时签到一些大国企的总部，前几年基层轮岗，有在加油站的、有在建筑工地的，有的一干就是三年，我问他们这段经历让你印象深刻的是什么？他们的回答也很简单："走了不少人，留下来的也都回总部了。"云淡风轻的几句话里面有多少艰辛，是我们难以想象的。刚入职的时候很多同学都在抱怨："为什么会把我分到这个地方，不是应该在总部吗？不是应该在北京吗？"其实，很多行业或者企业都有自己的"行规"，在这个行业要想有发展，需要充分认识基层的业务和运行逻辑，只有耐得住基层的苦，才能有未来腾飞的力量，而在基层的这段日子，本身就是大浪淘沙的过程，能够坚持下来的，才能真正留下来并且走得更高、更远。

2. "有为才有位，得努力去拼"

有位在投行的师兄经常找我聊天，并把一些社招的感受分享给我。他总是说："很多资质特别好的同学把一手好牌给打烂了，刚工作时最关键的几年，项目却没做几个，前几年不辛苦，后面路就堵死了。"我的另外一个师兄，签到央企的投融资部门，即使工作再累，也要给自己"加练"，主动去写和自己业务相关的行研报告，我问他给自己找事不累吗？他一直告诉我："辛苦点好，本事长在自己身上。"刚工作的时候，前几年最为辛苦，新手都是从基础工作慢慢做起，这个过程也就是我们俗称的"搬砖"。"搬砖"不仅是个辛苦活，而且它的成就感和幸福感都很低。但最基础的工作做不好，又何谈干大事，我们每个人工作的口碑就是在用心做好每一件小事当中积累的。前几年的时光就像黎明前的黑暗，你的努力、辛苦和有为，都会成为你未来"有位"的基石。我特别能理解当满腔热血遇到骨感萧瑟的现实，那种落差会让我们自我怀疑和迷失，但是有时候真的需要把自己降到"地板"上，并且需要我们一步一个脚印地把自己未来的路垒起来。

和同学们聊的时候，我也会分享一下在我们就业中心的工作感受，同学们都会吃惊地问："老师，高校也会这么忙吗？"刚入职的时候每天将近4个小时的通勤时间，每天都要经历早高峰的西二旗地铁站；基本没有寒暑假，加班是常态，睡办公室也是经常有的事；手术完不能久坐久站，趴着办公几个月也是有的；你们眼中"应该比较闲"的工作其实也很辛苦。没有哪个工作是不辛苦的，也没有哪个工作是完美的，谁的青春不辛苦呢？青春本来的样子就应该是奋斗啊！这些我们看不清楚的话，辞职考研或者换工作只不过缓冲几年，或者换个公司重走老路而已，治标不治本，未来很有可能还是会被大浪淘沙冲洗掉，还会无为且无位。所以，该吃的苦早晚都要吃，年轻的时候不吃苦，未来照样会吃苦。

我们一起努力吧！奋斗是青春的底色，脚踏实地才必有回响。

第三部分 **03**

| **准备与实战** |

知己知彼，做好了定位，调整好心态，我们就要开始行动，准备上校招战场了。古语道"兵马未动，粮草先行"，校招环节很多，我们要准备的"粮草"是什么呢？就是实习、简历、渠道、网申、笔试、面试等，而这些又一环套一环，需要我们逐个攻破，并且每个环节都不能掉以轻心。越努力、越幸运，越充分、越自信，让我们充分准备，昂首上战场。

关键词：实习

实习是部热播剧，你读懂故事的主线了吗

一进入 5 月，暑期实习就拉开大幕，我们都会接到很多同学想找暑期实习的咨询，可以说实习是当前最火的热播剧，只要我们想找工作，我们都将成为这部热播剧的男主或女主。但是实习之前你们想好自己故事的主线了吗？是来者不拒，这个也试试，那个也瞅瞅，走马观花，浅尝辄止；还是有规划、有设计，一步一台阶，沿着自己的职业主线不断深挖？其实，这就是我们今天要谈的"主线"思维。

提到"主线"思维，不得不提业界里我心中的男神，他在业界的传奇经历其实正是"主线"思维下做到极致的典范。记得他公众号曾经写过一篇关于实习的文章，在这里推荐给你们。

公众号：读人阅己

文章名称：长信｜你的实习，三、五次足以

推荐他的公众号，可以看看你们梦想的企业人力资源大牛的视角。

现在，我们来聊聊你实习故事的主线。

1. 敲定主线

因为工作原因和很多 HR 成了好朋友，和他们交流的过程中我发现他们大多练就了"火眼金睛"，简历拿过来大体一看，脑海里就能勾勒出你在大学期间的生活。也有很多 HR 和我反馈，看到很多同学的实习经历脑海里浮现出一个字"乱"，并不知道自己想干什么，东一榔头、西一棒槌，看不到方向的实习经历，数量越多反而会不停给你减分。所以，实习不是靠数量取胜的，是靠不断进阶的质量取胜的。那么我们该怎么确定主线呢？给大家一个公式：

主线＝专业方向×用人单位画像

从我个人角度来看，我不建议同学们放弃所学专业，来个 180 度大转弯，除非真的不喜欢、很痛苦。建议同学们在扩大自己的专业领域基础上，用现在比较流行的词来形容可以理解为"泛专业"，去挖掘适合自己的主线。比如应用心理学应用在人力资源和咨询管理方向，再比如投行中对会计、法律背景的人才越来越看重，这些都可以在成为"泛专业"基础上进行再挖掘。

怎么挖掘？还得提到我们前面说的给用人单位画像，只有当你画过画像，做过深入调研之后，你才能知道你的"泛专业"方向在哪里，这个方向适合你吗？自己喜欢吗？是自己想要的生活吗？经过这一系列的探索、调研、追问，我想你找出来的主线有可能不是很清晰，但是至少你已经知道目标在哪里，方向在哪里。大方向正确，路会越走越清晰。

2. 设计路线

已经敲定主线，那么我们就在这个主线下进阶式地去设计我们的实习路线。像我们在游戏中"打怪升级"一样，不断更新装备，积攒经验，最后一举拿下 offer。

怎么设计呢，让我们来看个案例。

主线：投行或者卖方行研。

终极目标：头部券商投行。

实习进阶之路：虽然是投行偏爱的目标院校，但是专业却不是投行偏爱的专业，深知投行业务需要很强的沟通能力，同时如果有财务和法务相关经验是加分项，综合考虑到自己的情况，这位同学的实习路线如下。

第一份实习选择了四大的审计，恶补了财务知识。

第二份实习还是在四大，很幸运申请到了四大的咨询，明白了沟通真是生产力。

第三份实习成功申请到了一家中型券商的投行部做项目助理，用他的话说终于入门了。实习期间项目不少，强度很大，但是收获很多，运气比较好的是带他的领导是从头部券商过来的，通过推荐最后申请到了头部券商的暑期实习。

第四份是头部券商投行部暑期实习，最后成功留任。

最终用跨越本硕的四次实习跳跃，完成了自己的终极目标。

3. 扎实行动

主线清晰、线路完整，接下来要做的就是扎实行动。大家都明白要积极投简历、找机会，但还有一个关键点就是要查漏补缺，补自己的不足，专业知识上没优势，可以修双学位，可以考证，也可以砸时间去学习、去研究。到了岗位后都要从头学起，学习能力和意愿更强、更踏实、更靠谱的人是有机会弯道超车的。而当前状态下的在线实习更给了我们这个弯道超车的机会和时间，与其焦虑，不如扎实行动，用好整块学习的时间查漏补缺。

认真讲故事：我们的一个小助理，也有一个券商梦，本科生申请到券商的实习机会不容易，他投了很多简历都石沉大海。后来他找到一个学姐，帮学姐做一些非涉密的基础调研工作，一干就是几个月，身边的人不理解，他一直坚持下去，最后经过学姐的推荐，拿到实习offer。他的实习感受：当你坚持不懈努力学习的时候，以前看上去很难的事，其实也没有那么难。

　　在线实习这部热播剧，你弄清自己故事的主线了吗？

暑期实习早班车，秋招"疾风"第一波

　　暑期实习对于 9 月份开始找工作的同学们有多重要，我们都深有体会。现在很多头部金融机构都将暑期实习作为他们校招最重要的渠道。据我本人观察，暑期留任已经占他们校招量的 80% 以上，大部分金融机构在秋招不再大规模进校招聘。所以，我们传统认为 9 月份才陆续开始的秋招，其实在 5 月份已经开始了。我们需要赶上这班早班车，才能在后续的秋招中"锦鲤附体"。面对暑期实习，我们该怎么做呢？

　　1. 先上车

　　经过前面内容的学习，我想咱们应该达成了一个共识，暑期实习对于 9 月份即将找工作的我们很重要，我们需要去投简历、去面试、去找一份有留任机会的暑期实习，我们要保证自己"先上车"。要找什么样的暑期实习呢？我认为有两个关键词——"主线"和"留任"。"主线"我们之前详细说过，暑期实习一定是要在你未来意愿从事的职业主线里，这样才会是你秋招求职的加分项。"留任"就是一定要有留下来的机会，因为暑期实习其实就是秋招，这个阶段我们分秒必争，不能过多地浪费时间，要让这几个月的实习更有含金量。可能问题又来了，"老师，我就想去××公司的投行部，我知道竞争很激烈"，还是刚才那句话——"先上车"，我们要发挥自己的"比较优势"，在投行上万封简历中，常青藤高校的学生比比皆是，你的"比较优势"就很弱；但是在其他部门，财经科班的你可能"比较优势"就会很强。我认为经过几个月的历练，一来兜兜转转还会有机会实现自己的职业理想，二来因为"比较优势"你很有可能更愿意在这个部门发展，也许你已经成为这个部门的"金疙瘩"。

2. 低头干

宣讲会上我们的大师兄说了一句话，我特别认同。他说"金融是干出来的"，课本上的知识固然重要，更重要的是你干了多少项目，从每个项目中积累了多少经验。前段时间和一个特别敬佩的师兄聊天，他最近一直苦于招不到合适的人，很多同学实习挺多，但仔细一看其实没干几个项目，与其刷实习，不如踏实低头干，完整地多跟几个项目。所以，你们的在线暑期实习不管是在大平台，还是在小平台，都要踏实地低头干，多做、多想、多融入，不仅仅是为了给自己争取留下的机会，更多的是"技多不压身"，为以后秋招求职积累更多撒手锏。

3. 咬紧牙

有学生会问："老师，怎样才能留下来呢？"得到的回答往往是"坚持下来的一般都留下来了"。听完这句话我百感交集，我常说漫漫求职路，为何用"漫漫"，因为辛苦！为何能成功呢？因为坚持。其实，求职本身就是一个大浪淘沙的过程，越往后留下来的人越少，每年都有毕业生到我们办公室"哭鼻子"，我们安慰完他们之后，他们又都默默地去刷面试去了。有个挺有意思的"定律"，这帮哭鼻子的孩子一般没过多久就都拿到 offer，我们经常开玩笑说，就业中心有股神奇的力量，其实我们心里都知道，这股神奇的力量是他们咬紧牙关的坚持。

暑期实习的早班车，我们要准备好上车了！

困扰我们的小问题，实习不按剧情发展怎么办

关于实习我们之前聊过"主线"问题，我们需要在"主线"思维下规划自己的实习，这样会使我们的职业目标更明确，比较优势更突出，实习经历自然看上去也就不迷茫。可是问题又来了，理想和现实总是有差距，我们计划好的实习往往并不会按照剧本去演，中间可能会随时被"加戏"或"减戏"。不少同学也和我聊过他们在实习过程中遇到的困惑，这里我们一起来聊聊实习过程中比较常见的几个问题。

问题一：能找到的实习和自己设计的实习主线还是有差距的，又不能不去实习，该怎么办呢？

在给同学们改简历的时候，我发现很多同学的实习经历都出奇的相似，我问他们："真的想去这类岗位吗？"他们的回答也出奇的相似："老师，只有这类岗位实习生招得多，我们可选择的余地并不大。"其实在每个领域都会遇到类似的情况，就像财经领域的同学们，大家基本都爱去券商实习。一定想去或者会去券商工作吗？还真不一定。这就是我们常说的"同质化实习"现象，大家的实习经历都出奇的相似，简历上填的都是投行。就业市场大环境我们改变不了，那就只能在相对同质化的背景下尽可能让我们自己的实习与众不同，怎么做呢？归根到底还是主线思维的再运用——想办法让自己的实习更靠近自己的主线或者

专业。比如说，我的专业是会计，未来发展主线就是想去央企总部财务相关部门，但是央企总部实习岗位少，比较难找到，而券商实习岗位相对多，那我们就可以投券商偏会计的部门或岗位，比如托管部或基金会计，去做估值清算等。这样，虽然企业和主线不太相关，但是我们实习中所从事的具体内容是和主线有相关性的。未来当目标企业的面试官发问的时候，我们可以很自信地说，我实习的核心工作还是和自己的主线和专业相关的，之所以选择去这个岗位实习，就是想去学习不同领域的专业知识，让自己的视野更加开阔，知识面更广，更能全面地思考和解决问题，更有利于自己在专业领域深耕细作。这样既能学到本领，锤炼专业能力，又能很合理地解释自己的实习经历，而且能让面试官感觉到我们是有明确主线的，而这条主线正是契合目标岗位的。表面看上去大家实习都一样，但是细细品味我们的实习是有"灵魂"的，经得起仔细推敲。

问题二：找实习是去追求大平台看名气呢？还是追求小平台看内容呢？

关于"去大平台好还是去小平台好"的问题，不只是实习有争论，求职同样有争论。我和不少行业内资深的前辈聊过这个问题，大家的看法各不相同。我个人认为要结合专业和业务看。去大平台实习的优势我们都明白，更加规范，能够养成良好的职业素养；带主角光环，能杀进去实习的都很优秀；对于行政和管理类的业务类型来说，大平台的优势更明显一些，实习增加的光环更突出。相比大平台，去小平台实习的优势主要在内容上，小平台上手会更快，接触核心业务的机会相对较多，对于需要大量做项目积攒专业实践知识和业界资源的岗位来说，小平台实习有一定优势，但也存在风险。小平台实习虽然能接触到项目的核心业务，但项目量并不大，同样的时间大平台能并行好几个项目，小平台可能手里就一个。这个时候就要看小平台的团队，实习前要调研好自己在小平台跟哪个团队，很多小平台的核心团队都是从大平台挖过来的，他们集中了最优势的资源，如果能进氛围好、肯传帮带的团队，小平台的优势能够完全发挥到位。平台的选择要结合自己的专业和业务，看清自己需要什么、有哪些优势，但归根到底还是要自己努力，主动去学、去做，付诸行动，这样每个平台都会有我们的成长空间。

问题三：实习一开始就让去打杂，碰不到核心业务怎么办？

我们都知道含金量高的实习一般要三个月以上，道理很简单，业务的熟悉到熟练需要时间积累和消化。刚开始实习的第一个月打杂很正常，但是如果一直打杂就不太正常了。这个时候我们需要仔细评估未来几个月会不会有改变，如果公司对这份实习从始至终的定位就是打杂，和自己的预期差太远，那就没有必要再坚持下去了。但是我看到的现实情况却有些不同，问题更多的出现在我们自身，同样的实习有些同学做得特别好，而有些同学却一直在边缘徘徊。经过长时间的观察，我发做得好的同学都有一些明显的特征，做事靠谱是一方面，最关键的一点就是主动性强，不会被动地等活干，而是主动要活干。这里和大家分享一位同学的自述：

"刚开始，带我的姐姐觉得我干不了，她平常很忙，与其教我干活还不如自己干，就一直让我干边边角角的活，边边角角的话干得差不多了，我大体有了初步的逻辑，我就主动从她手里抢活干，刚开始总问她，她是挺烦的，后来发现我干得不错，她不用过多修改就能用，就放心把活给我了，再后来活越来越多，整个核心业务逻辑都被我理顺了。除了自己的工作外，只要有时间，我就会和其他组的姐姐们交流，从她们那里学了不少东西，没想到找工作的时候，这些也都被问到了，面试官对我印象还挺好的。"

　　这个同学总觉得自己幸运，我告诉她，其实不是她幸运，是因为她努力。

　　从打杂做起很正常，关键是后面我们要主动学习，去做好交待给我们的每一件事，虚心地思考和学习，而不是"别人一句话，我回十句话"。当我们主动且靠谱的时候，我们的机会才会更多。换作是你，会把重要的工作交给一个不主动且不靠谱的人吗？

　　当实习不按剧情发展的时候，别慌！慢慢分析和梳理，结合自己的实际情况，抓准主线和平台优势，主动去学、去干，我们的实习一样会精彩！

困扰我们的小问题，本科求职"没实习"怎么办

在给本科的同学们做咨询的时候，不少同学都会和我分享一个感受："老师，我写简历的时候发现自己能写的东西超级少，尤其是实习，基本上可以算是没有，这还能找到工作吗？"这个问题出现的频率非常高，仅次于考研。我感觉这其实是本科生们求职的"常态"，一入学都是冲着读研或者留学来的，大学四年基本上也没有想过自己有朝一日需要找工作，对实习缺乏有效的规划。因此，四年下来有含金量的实习一般都比较少。找工作的时候，看到身边规划好求职的同学以及他们简历上满满的实习经历，自己顿时慌了，然后就陷入了自我否定当中，不少同学干脆就不找了，而是准备考研，还没开始就已经放弃了。

对于本科生的实习我个人这么看，提早规划一定是必要的，我们需要在本科期间充分认识职业、行业和企业，即使不为找工作，对未来读研也是有帮助的，早一些确定职业发展主线，并在"主线"之下去规划自己未来的实习路线，对当下乃至读研后的求职都至关重要。有实习，一定有优势，那现在没有，该怎么办？

对于本科生的实习，我特意去问过不少用人单位的 HR，有实习当然最好，没有相关实习也没有我们想象的那么可怕，更不会直接把我们一票否决。一般想要招本科生的用人单位，对于实习的要求会相对低很

多。所以，我们不能因噎废食，不能因为没有实习就不找工作，还是要坚定信心，努力去找，具体该怎么做呢？

1. 实习没有，"尽调"凑

在我访谈的过程中，很多 HR 都提到，本科同学如果没有"强相关"的实习经历，那至少对要投的岗位有一定的了解。但是现实情况是不少同学不仅没实习，对于要投的岗位还一问三不知，这就有问题了。看实习经历首先会观测两方面内容。第一，我们的求职意愿和稳定性。有相关实习经历至少能证明我们还是喜欢这个岗位的，意愿相对较强，要不也不会花几个月的时间去实习。第二，我们的专业素养和业务能力。有相关实习经历至少能证明在这个岗位上我们具有一定的专业素养，是经受过磨练和考验的。假如我们没有相关实习经历，对岗位一问三不知，那面试官会觉得我们对岗位并不是真感兴趣，都不知道岗位做什么，我们说再多"自己能胜任"，也都是满满的"套路"。所以，如果没有相关实习经历，就必须对我们要投的公司和岗位，做详细的"尽调"，能相对准确地说清楚企业的基本情况、产业链、未来发展战略等，能够清楚地知道这个岗位需要做什么，需要具备哪些核心能力。这样，当面试官问起来的时候，我们虽然没有相关实习经历，但是凭借对企业和岗位的认知，来"凑"我们没有相关实习的空白，至少能向面试官传递信息：在意愿上"我很想来"，我做了非常详细的调研；在能力上"我比较专业"，我对业务有自己的认识和思考。

2. 实习没有，"经历"补

在访谈用人单位的时候，我一直在询问他们校招更看重什么，当然每个行业和企业的侧重点都不同，有的很看重实习经历，而有的比较关注学习成绩和学生工作，有的还会比较关注文体活动，关注是不是"有趣的灵魂"，差异性确实比较大，但还是有不少的共同点。用人单位也都明白本科生实习相对少，那么主要的观测点自然就移到了怎样考察我们的学习能力和综合素质上。没有实习，业务上弱些，但底子好，学习能力强、综合素质高，后期可以培训，上手也会很快。所以，本科的同学们，没有相关实习不要过度紧张，我们只需要把校园经历、学生工作等当成我们的"实习"来写、来说；把本应该通过实习来证明的能力和素质，用校园经历、学生工作、学科竞赛等来证明、来补位，效果也不会差。比如，写十几篇行研报告能证明我们有一定的文字功底，写几十篇新闻稿同样也能证明我们文字功底不弱。这其中最关键的就是，我们要把岗位需要的能力素质提炼出来，用我们自己的"故事"来一项项地佐证。

可能问题又来了："老师，我其他的经历也不是特别丰富，我该怎么办呢？"我记得人力资源领域一位资深的前辈和我分享过，他改简历不是咬文嚼字，而是帮同学们去挖掘自己的故事，很多同学不是没有，而是不知道这个也可以写。所以，我们每个人都有能够补"实习"的"故事"，只是我们还没有挖掘到。

有实习才能找工作？收起这个误区吧！好好做岗位调研，弥补自己在业务上的不足；好好挖掘岗位胜任力，用自己的校园"故事"诠释"胜任"；没有相关实习，我们一样可以过关斩将。

关键词：简历

秋招"行动"进行时，准备好你的求职"积木"

　　"行动"要做的事情很多，我们可以大体分成以下几个环节。第一，基础材料准备，也就是我们今天要聊的求职"尽调"。第二，简历制作与自我介绍，做一份自己满意的简历和自我介绍。第三，"面经"、礼仪等学习，系统的学习各类面试的经验和求职礼仪，并进行针对性准备。经过这三步"行动"，我们已经具备求职者基本能力，然后就可以进入下一阶段"练习"，大量地做笔试和网测模拟题，进行各种类别的模拟面试等。今天我们先聊聊"行动"的第一步——求职"尽调"。

　　"尽调"我们应该都比较熟悉，我们自己的求职"尽调"就是把所有自己求职需要准备的基础材料都准备好，把"砖"都整理好，之后我们做简历、写自我介绍需要用"砖"的时候可以随时搬。那么这份"尽调"我们要准备什么呢？其实和我们平时写大作业一样，分两步走，找素材和写报告。

　　1. 找素材

　　把我们求职过程中可能会用到的材料一口气翻箱倒柜都找出来。一方面后续求职过程中用人单位会需要你们提供，另一方面方便我们下一步写报告。直接上清单。

证件照和生活照：证件照建议找专业的摄影机构拍摄，专业机构技术很成熟，只要告诉他们照片用于求职，一定能拍出你期待的效果。生活照不是所有单位都需要，建议大家提前挑几张备用。

各类证书和奖状：找出来之后建议原件整理好统一存放，然后将每个证书和奖状都扫描存成电子版。主要有英语四六级证书，雅思、托福、CPA、CFA、成绩单等，学历学位证书（研究生需要准备本科阶段的），奖学金、优秀学生干部、学术类竞赛等获奖证书；学生工作、社会实践等相关证书、证明；已发表的论文、期刊等。

成绩单：手头最好要有纸质版，同样也需要扫描存档。

2. 写报告

根据自己翻箱倒柜找出来的证书，写一份自己的"尽调"报告。你可能会问，"老师，为什么要花费这么多时间写这个呢"。做"尽调"报告最主要的作用是帮助大家梳理自己整个求学生涯所取得的成就。其实就是写一份超大号、详细版的个人简历。一方面，我们交给用人单位的简历是在"尽调"报告基础上的浓缩、升华。未来我们写简历的时候会根据不同岗位的侧重点从"尽调"报告中抽取相应的部分来整合。做个比喻，"尽调"报告像我们小时候玩的积木，应聘岗位要求一辆汽车，我们就把简历给他拼成汽车；要求飞机，我们就拼成飞机。另一方面，在面试过程中经常会被问到很多开放性问题，这些开放性问题需要我们用生活和学习中的案例去"讲故事"。要讲好故事一定需要一个好剧本，而你的"尽调"报告就是你的剧本，只有把剧本完完整整地写出来，故事才能讲得精彩。那么怎么写呢？为了不写成流水账，我们要按照简历的逻辑写，不用咬文嚼字写得特别精练，但该有的数据一定要有，主要是把想到的、能写的全都写上，把自己的故事全部挖掘出来，便于我们后期升华和凝练。

　　内容框架：将简历逻辑框架整理一下，包括教育背景、学习成绩、实习经历、学生工作、社会实践、学科竞赛、校园活动、学术科研、所获荣誉、技能证书、兴趣爱好、自我评价等，在这个大的内容框架内，想到的，值得写的，统统写上，不要给自己遗漏任何一点。在给学生们改简历的时候，我每次都能从学生们口中问出很多他们简历上没有的内容，而这些内容其实都是能够支撑应聘岗位所需要的能力素质。我经常会问，"这一点为什么不写呢"。同学们一脸茫然地说，"您一提才想起来"。其实，求职"尽调"最大的作用就是帮同学们最大限度地挖掘自己的成就故事，避免你们忘记自己的优秀。

　　撰写方法：还是我们最熟悉的 STAR 原则。

　　S（situation）：事情是在什么情况，什么背景下发生的。

　　T（task）：要达到什么样的目标，涉及哪些环节和流程，要尽可能地使用专业术语。

　　A（action）：采取了哪些行动，包括分析方法（工具）、方案、步骤等，一定要明确自己是什么角色，承担了哪些任务，如果涉及专业工具和模型，要用专业术语表达。

　　R（result）：结果是如何的，取得了哪些业绩和成就，自己有哪些感受和收获，一定要用数据表达，要量化。可以用时间来突出效率，用指标的提升或他人评价来体现效果。如果能从感受和收获中提炼出能力素质就更加"锦上添花"。

　　这样，整理证书的同时，我们将自己从头到尾也梳理了一遍，相当于给自己积累了一个积木素材库。

　　行动起来吧，给自己做个"尽调"报告，搭好自己的求职积木！

秋招"行动"进行时，掌握核心你的简历也能自带主角光环

做完"尽调"，我相信你们已经积累了足够多的素材，可以一起搭积木了。我们今天就先搭简历。简历有多重要呢？大家都知道"好的开始是成功的一半"，简历对于求职，不止一半，因为它是所有求职环节中最难的。试想一下你没有说话的机会，仅靠一页写满字的纸，要在30秒内从上万个竞争对手当中"爬出来"得有多难！所以，很多师兄师姐都感慨"网申"靠命！我们都知道"主角"一般都命硬，怎么能让自己的简历带上主角光环？今天我们来聊一聊。

写简历有各式各样的攻略，也有各式各样的方法，听过很多"门派"的理论之后，我想明白一个道理，我们一起花很长时间把简历一字一句地改出来，不如告诉你们这背后"游戏的规则"，掌握了核心，通关的路就有无数条。这样，你们不仅自己能写简历，还能成为大师帮助别人来改简历。那么，核心要素是什么呢？

1. 投其所好

一定要弄清楚要应聘的企业和岗位想要什么，看重什么，人家想要飞机，你把简历拼成了汽车，那肯定是没戏了。所以，做简历最关键的就是把用人单位想要看的"关键点"快速给他，证明自己就是他们要

67

找的人。个人认为这是所有改简历"套路"的核心，不管是咬文嚼字也好，加黑标粗也罢，所有这些小技巧的目的都是要把单位看重的关键点呈现出来。所以，大可不必过度纠结于小技巧，只要在"投其所好"的大方向下努力做到更好即可。比如，你要投简历的岗位看重财务和法务专业素养，偏财务和法务的实习经历、学习经历你要写清楚、写透彻，其他的可以少写，篇幅不够甚至可以不写。

2. "七十二变"

简历一定要变，怎么变？根据用人单位和岗位要求变，有时候甚至同一岗位、不同企业的侧重点都不一样。请记住一个原则，"每个岗位，你投的简历都要不同"。

认真讲故事：我刚入职那年去深圳走访用人单位，和我们的一位师兄聊起求职，我问他："拿到这么多高质量 offer 的秘籍是什么？"他默默地打开了自己当初求职的文件夹，密密麻麻的都是他投过的单位。他笑着和我说："每个单位我都做调查，投的简历和要准备的材料都不一样。这些调查现在还有用，很多企业成了我们的客户，再和他们打交道的时候我还会回头看看以前整理的东西。"这件事深深地震撼到了我，当一件事做到极致的时候，那离成功一定很近了。

3. 主线清晰

最近和业界做人力的师姐聊了很久，深刻认识到"主线"的重要性，简历其实就是你在给 HR 讲自己的故事，在短短 30 秒内，谁都不愿意看流水账。看过一个特别好的简历，投的是固收岗位，她的简历主线极其清晰，从教育背景的课程选择开始，到校园生活，再到实习经历，都很清晰地告诉 HR，她从性格、兴趣、专业，再到职业规划都是为固收岗位而生的。

4. 扬长避短

我们每个人都不是完美的，不可能有岗位所要求的全部能力素养，那怎么办呢？要学会"扬长避短、拆东补西"。GPA 不高，专业课成绩来补；实习经历不够，项目经历来补；关键是要证明拥有岗位所需要的能力素质，直接的没有，我用间接的补。

5. 专业过硬

要知道筛选你简历的是专业的职场人，所以一定要学会用专业思维和专业词汇讲简历故事，尤其是实习经历和科研项目经历。

6. 有理有据

数据给人的冲击感最强，要学会用数字来摆事实和讲道理，尤其是想要在财经领域求职的同学们，一定要体现出你们对数字的敏感性。

7. 从 0 到 1

简历就是在讲你的故事，而讲故事最忌讳有头无尾，我相信你们都能写清楚过程，但一定记得给故事一个结尾，给自己一个升华。所谓升华就是突出你的业绩和收获，这份实习你取得的业绩是什么？是日常工作零失误，还是见证了 IPO 全过程。这个比赛你的收获是什么？是建模和数据分析能力，还是团队协作和路演能力。从 0 到 1 的过程很重要，更重要的是突出你获得的"1"是什么。

与其咬文嚼字记一堆小技巧，不如掌握核心点和方法论。掌握了这些，你就掌握了"游戏规则"。这样，写一份自带"主角"光环的简历就不会很难。

秋招"行动"进行时，一块一块"搭简历"（一）

之前和大家讲过如何让自己的简历自带主角光环，方法我们掌握了，下一步最关键的是要行动起来。今天，我们就一块一块地把求职"尽调"积攒的积木搭成我们想要的简历。

简历主要有个人信息、教育背景、实习经历、学生工作、学术科研、荣誉奖项、证书技能、自我评价等。下面我们一块一块地详细说。

个人信息：我比较建议用竖版格式，而不是左右对称格式，因为竖版格式更加符合阅读习惯，在很短的时间内方便 HR 找到关键信息。竖版格式个人基本信息一般放在简历的最顶端，左边是学校的 logo，右边是照片，中间放姓名、政治面貌（一般国企比较看重）、联系方式（手机、邮箱）、生源地（如果在生源省求职建议把生源地放上，稳定性会加分）、求职意向（求职意向不要写多个，写你要投递的具体岗位）等。

有的同学会问："老师，我看师兄师姐会在个人信息部分放一句概况性的描述语，这个要写吗？"这其实就是我一直强调的给自己"贴标签"，我个人认为如果能够总结出和所投岗位相匹配的关键素质和能力，会是加分项。比如，你们的一个师姐投会计类岗位的时候会写上

"2年职场经历+CPA+'根正苗红'的财会人"。她个人觉得这句话提高了她的简历过审率。

问题又来了，"这些标签有什么用呢？"我给大家讲个有意思的现象，线下双选会的时候，单位数量一般都在"50+"，很多单位都会拿A4纸，写上"北京户口""竞争性薪酬""央企背景""500强"等标签贴在展位门楣上来吸引毕业生的目光。其实，我们简历的"标签"和用人单位"标签"的功能一样，吸引HR关注我们的简历，不要轻易"滑走"。

教育背景：教育背景主要写学校、专业、学历层次、主修课程、学习成绩等。有几个关键点要特别列出。

（1）双学位、国境外交换生等要单独写，这是你的"比较优势"，要学会突出自己。

（2）成绩一般怎么办？我们都知道如果成绩很好，一定要写，比如写绩点（3.8/4.0）、写排名（1/152）、前5%等。成绩一般怎么办呢？还记得我们之前的核心点——"扬长避短、拆东补西"，整体成绩不够好，我用考分高的专业课成绩补，这个时候把应聘岗位需要的专业课都列出来，写上自己的分数。比如微观经济学（92）、宏观经济学（90）、会计学（89）等，给人感觉这孩子虽然成绩一般，但是专业课学得挺扎实。

（3）荣誉奖项较少，能合在教育背景里面吗？当然可以，有些同学荣誉奖项不够单独成版块，可以放在教育背景下面，但是一定不要展开写太多，写明奖项和含金量即可。

比如，一等奖学金（2次，前10%），优秀学生干部（连续3年）。

（4）主修课程写多少？还记得我们的核心点——投其所好，岗位看重哪些专业能力，写其相对应的专业课程，如果专业课程成绩较好，可以把分数写上。

实习经历：这是简历最核心的部分，我们之前讲的核心点在这里都会有重要体现。"投其所好"就是要详写和岗位相关的实习经历；"主线清晰"就是要讲好实习故事，告诉 HR 我的实习就是以岗位要求的能力素质为主线的；包括用专业词汇、用数据说话、用业绩升华等都是我们要求的核心点。那么，怎么写呢？基本逻辑还是我们最熟悉的 STAR 原则，可以翻开之前的内容看一下。这里我们直接举例子。

2018. 07—至今　　　　××公司　　　　　××××××部

利率研究：每日撰写晨会纪要（累计 50 余份），判断经济基本面和利率走势，提供债市投资建议。

点评报告：每月撰写经济、通胀、进出口、PMI 数据点评等，进行月度宏观预测。

研究报告：撰写三万字项目报告《××××××××》并参与答辩，搭建房地产、消费、制造业等预测模型，进行××××等专项研究。

主要业绩：晨会纪要准确、深入、全面，做到"零失误"；点评报告多次获部门主管认可；研究报告获得公司×××奖（前 10%）。

关于实习经历的撰写，有以下几个要点。

（1）实习具体的写法可以有两种，一种是对应招聘信息中岗位职责，也就是和上面的例子一样，按投递岗位要求的工作内容或能力素养一条条写出来；另一种将实习经历分为 2 个维度——职责和业绩，职责写主要干了什么，业绩写收获和成果。

（2）用专业词汇和数据说话。如上面的例子一样，将工作量化、将工作专业化。

（3）突出业绩和收获。这一部分比较难挖掘，如果没有说服力及过硬的成果，可以谈收获、谈能力素质等。比如，参与整个 IPO 全过程，了解 IPO 过程中关键点。

这次我们先聊聊个人信息、教育背景和实习经历，剩下的我们之后再细聊。

现在，你们可以先开始搭简历啦！先搭好前三层，夯实根基！

秋招"行动"进行时，一块一块 "搭简历"（二）

今天，我们接着实习经历继续往下聊。现在我们知道了实习经历基本的写法，用 STAR 原则、写职责+业绩，用数据+专业词汇，那么每段实习写多少呢？所有的实习都要写出来吗？这里我们又要用上我们的核心理念——投其所好，和所投岗位相关的实习经历要详写，和岗位不相关的要略写，或者不写。

那么问题又来了，如果我的这几段实习经历都不是"强相关"，我该怎么写呢？这就要用上我们的核心点"主线清晰"，要把自己的"主线"和岗位对接好，讲好自己的"主线"故事。告诉 HR，我的职业规划和所投岗位要求的能力相关，我在为求职岗位不断"进阶"。比如，想去投行，而与投行"强相关"的实习仅有 1 份，怎么把其他实习和投行串起来呢？我们都知道投行对财务、法务和沟通能力很看重，那么其他实习在业绩和收获方面就要突出这些能力。我们实习故事"主线"可以这样定，"四大的审计让我夯实财务基础，四大的咨询让我有了强有力的沟通能力，小平台的投行实习让我踏入投行大门，我的职业目标就在投行，为此我在一步步的积累。"这就有了清晰的主线。再给大家讲一个更励志的故事。

认真讲故事：我刚入职的时候组织过一次模拟面试大赛，一个本科计算机专业的同学这么讲自己的实习：大一我找了一份家乡体制内的实习，让我知道工作是什么；大二我找了一份系统开发实习，让我认清我自己，我不太喜欢做编程；大三我找了一份保险公司的实习，让我明白这才是我想要的，与客户交流能够让我每天能量满满，这是我想要的工作和生活。短短的一段话很清晰地把自己的职业主线和所投岗位融合在一起，HR 也能明白他是有清晰的主线才跨专业就业，并且为这个职位做了很多努力。

既能投其所好，又主线清晰，那么这样的实习经历一定会让你的简历自带主角光环。实习说得差不多了，我们来聊后面的部分。

校园经历/学生工作/学术科研：写法、原则和实习经历基本相同，一定要注意这部分内容是我们实习经历的重要补充。很多同学问，"老师，我是本科生，没有那么多实习，我该怎么办呢"。我个人认为，如果时间已经来不及实习了，可以用校园经历+科研项目来补。怎么补呢？还是要和岗位"强相关"。

认真举例子（应聘岗位：新媒体编辑）

2018.09—2019.09   学院学生会宣讲部   新媒体组核心成员

公众号运营：主要承担×××公众号每日推送工作，负责选材、持续关注和跟踪热点话题并策划原创相关内容，编辑、美工、日常维护等。累计推送达 200 余篇，其中参与原创推送 15 篇，"1 万+"阅读量五篇。

活动策划组织：负责线下活动的推广和组织，成功举办"×××"等大型活动七次，邀请到近 30 位业内前辈参与分享，每次活动参会人数均在 100 人以上。

业绩和收获：负责公众号运营期间，用户关注量增加 10 倍，突破 3000 人；熟练掌握新媒体文案策划、组稿、编辑、美工全过程，原创"1 万+"阅读量推文五篇；熟悉"200+"以上大型活动策划、实施全过程，能掌握节奏和关键点。

你会发现这个学生工作经历和实习经历写法一模一样，完全按岗位要求的能力框架写，有数据、有业绩、有收获，即使没有与新媒体编辑相关的实习，这份校园经历也能给你加分。

再认真举例子（应聘岗位：某资管中后台研究岗）

2019. 07-2019. 10　《×××研究》　××协会重点课题

职责：课题主要负责人之一，负责课题项目整体推进及指标体系搭建。课题重点在于挖掘上市公司的投资价值，从影响投资价值主要因素出发，构建全面的价值指标体系。先后共调研国内外文献 80 余篇，国内外上市公司 90 余家，熟练运用×× 软件成功构建×××模型，搭建××指数辅助指标，并参与项目答辩×次。

业绩：课题顺利结项，在某某核心期刊发表论文 1 篇：《×××××××××》；因课题表现优秀并推荐至××××协会××部门暑期实习。

通过例子我们发现，科研项目、学术竞赛、校园经历等这些都可以作为实习经历强有力的支撑，甚至是补充。所以，当你发现自己的实习不占优势的时候，不要沮丧，而是要深入挖掘自己，一定能有可以

"拆东补西"的"积木"，然后将它按照应聘岗位想要的样子拼成一个完整的故事。

荣誉奖励/技能证书：关键在于分类，将岗位看重的技能和证书写在前面。荣誉奖励（奖学金、学术类、德育类、实践类等），技能证书（计算机、英语、职业证书等）。

认真举例子（应聘岗位：券商研究所）

技能证书

常用软件：熟练掌握 office、Matlab、Stata、Python 等。

数据库：熟练使用 Bloomberg、Wind、CSMAR、RESSET、CEIC。

职业认证：CPA（财务管理科目）、CFA 一级、证券从业资格证。

英语：CET6，574；雅思，7.0。

荣誉奖励

德育类：优秀毕业生（省级，前3%），三好学生，优秀团员，优秀学生干部（校级，各1次，前15%）。

实践类：社会实践优秀成果奖（省级），社会实践三等奖（校级），社会实践优秀个人（校级），多次大型活动志愿。

奖学金类：全面发展一等奖学金（校级2次，前10%），社会实践优秀奖学金，美誉素养奖学金，组织管理能力优秀奖学金。

兴趣爱好/自我评价：如果篇幅不够，兴趣爱好和自我评价可以合并在技能证书里面。如果独立成块，注意一点，不要泛泛而谈、空喊口号，而是根据岗位要求的能力素质，用关键词给自己"贴标签"。

之前看过一个本科学生介绍自己的关键词，分享给大家。他的标签是："国际范"财经人、踏实的奋青（奋斗青年）、"永远积极向上"的奔跑者。第一个关键词写自己的专业，突出国际化+财经，第二个关键词写自己的做事态度，讲了一些实习时能吃苦的故事；第三个关键词写了自己的兴趣爱好，写自己热爱生活，喜欢挑战。他投的岗位是到国外外派的财务岗，这样写的原因是，他调研发现这类岗位更看重语言能力、财经基础，最关键的是做事要踏实，能耐住寂寞，并且能在复杂的外部压力中乐观地成长起来。你们细细品味，知道为什么他这么总结自己了吧！

行动起来！开始一块一块地搭简历吧！期待你们的简历自带主角光环！一路所向披靡！

关键词：渠道

那些"超实用"的校招渠道

在给同学们做咨询的时候，经常会被问到"老师，那些招聘和实习信息都去哪里找呢"。刚开始，我还有点不理解，总觉得这不应该是个问题。招聘信息怎么还能找不到呢？越来越深入后我才发现，其实精准地传递、有效地获取招聘信息并不容易，这应该算是我们成功求职的"基本功"。很多同学求职招式练得很"传神"，基本功却不扎实，往往都是事后诸葛亮。"当初我要是知道这条招聘信息，那入围的肯定是我，这就是天生为我设的岗位啊！"为了不错过好机会，今天我们就聊聊校招中获取招聘信息的主要渠道。

1. 校园主渠道

主动来的一定是最爱你们的。每次和同学们聊找工作的时候，一般我都会强调无数遍，一定要高度关注进校来办宣讲会、参加双选会的用人单位，送上门的一定最爱你们，最想拉你们"入伙"。所以，自己学校就业信息网、学校就业部门微信公众号，自己学校举办的宣讲会、双选会等一定要格外关注。我们校招季基本都会和进校招聘的用人单位深

79

入沟通，他们跑高校，可不是随便跑的，有的甚至背着"指标"来的，是一定要在学校招够一定数量毕业生的。不要盲目迷信别人家的学校，自己的学校才是"主菜"，先吃饱！再去跑其他学校"加餐"。

2. 同类别或目标就业地高校

它们是"主菜"外强有力的补充。当你发现自己学校招聘信息不太够，自己特别想去的企业比较少，或者自己青睐的行业、地域信息不够全，我比较建议先去同类高校找，为什么呢？来高校的都更想招应届毕业生，会更加纯粹一些。那该怎么找呢？比如，你是财经类专业的学生，想在北京金融行业找工作，那么北大、清华、人大、中财、外经贸的就业信息网、微信公众号以及各类招聘会你都得是"常客"。如果想在江浙沪一带找工作，那么复旦、上海交大、上海财经等不能错过；如果想在武汉，要看中南财经政法；想在成都，要看西南财经；想在江西，要看江西财经。记住一点，属地高校的属地就业资源一定是最丰富且质量最高的。

3. 第三方平台

它是综合类信息大集合。目前，校招市场居主力地位的五大第三方平台：智联招聘、猎聘、前程无忧、中华英才网、BOSS 直聘。第三方平台除了信息量更大、更全之外，还有就是手里握着很多高质量的企业资源。很多大央企、国企或者集团公司的校招都是委托第三方平台组织的，一般主要是进校这个层面，合作更深入的会把网测、笔试，甚至第一轮初面都给第三方平台。如果你有目标企业，要提前看好它用哪一个第三方平台进行校招，提前下载并熟悉这个平台的网站、App 等，方便后续流程。

4. 就业地人社部门

它是属地高质量就业资源集散地。近几年，"抢人"大战越演越烈，各省市区人社部门一直作为人才引进的"主力军"。它们都会整合属地内最优质的就业资源组团"走出去"校招。比如，浙江已经连续二十多年进京引进人才，做得非常成熟、扎实。想去浙江就业，就要关注浙江省人才市场的网站以及各类活动，除了省级层面外，各地市的人才中心同样也会组织各类引才活动。各省市区人社部门除了组织属地的优质企业外，当地公务员或事业单位的招录也会在它们的平台发布，想进入目标就业地成为公务员或找事业单位的同学们不要错过。

5. 国聘

它是高质量企业资源的国字头大平台。由国家投资集团牵头组织，集合了国内最优质的国企、央企及知名民企，除了大量优质的校招资源以外，还有大量的企业空中宣讲会资源，可以帮我们认识和了解目标企业，免去跑线下招聘会的时间成本。还会有一线的面试官、咨询专家分享求职经验等，我个人已经推荐了很多次，非常值得关注。

6. 内推

它是成功率最高的渠道。现在，越来越多的用人单位更加信赖内部推荐，某城商行总行会让获得 offer 的毕业生推荐自己的同学，其实道理很简单，优秀的人身边的人大多优秀，靠谱的人身边的人大多靠谱。总结一下，内推主要有这么几个渠道。

（1）学校老师内推

很多用人单位都会和目标高校就业一线的老师们保持密切的联系，会把他们的招聘需求直接推给老师们，尤其是招聘量比较小的时候，一般会定向高校定向找。所以，老师们转的各类招聘信息很重要，尤其是春招的时候，很多孩子通过老师们的内推逆风翻盘。

（2）师兄师姐内推

圈内靠谱的师兄师姐给你做"背书"，会让你的求职成功率大大提升。

（3）亲戚朋友内推

自己的家人、亲戚、朋友、同学，甚至是一起求职的"战友"都会成为你的伯乐。特别建议大家在求职的过程中加入身边同学组织的求职群，学会大家一起求职，一起分享招聘信息，分享求职经验。你们很多的师兄师姐都和我说过，求职过程中最让他们受益的是一起求职的小伙伴分享的一手资源。

我们都知道内推，其实往往忽略了"自推"。很多孩子求职的时候都忽略了自己朋友圈的强大。开始求职的时候一定记得给自己身边值得信赖的前辈们发条微信，让他们知道你已经开始找工作了，有好机会一定帮忙留意。有的时候不是没机会，只是不知道你需要而已。

除了以上相对集中的校招渠道外，剩下的就要关注自己目标企业的网站和公众号，时刻盯着校招进程。

找渠道是求职基本功，也是我们求职的第一步，足够多的尝试才能换来更多的成功，抓住、用好每一个渠道，努力争取每一个机会。

那些常见的校招方式，如何使用效率更高

随着进校招聘的用人单位数量逐渐增多，加上线上同步的招聘场次，基本上每天七八场的节奏，用人单位热起来了，反而同学们参与校招的热情有点不温不火。经过调查发现校招线上和线下的结合，渠道、方式和花样越来越多，反而让很多同学越看越迷糊，不知道该怎么用。今天，我们来具体聊一聊常见的校招方式。

我们先说线上渠道。空中宣讲会：感兴趣就去听，错过时间记得看回放，可以了解企业、岗位和招聘流程，省时又高效。我们主要聊聊空中双选会和网络双选会：目前来看，虽然各个平台叫法和功能不同，有的支持视频面试，有的仅仅接收简历，但是，从往届毕业生线上校招的情况来看，用人单位使用最多的功能还是"收简历"——和网申的功能一样，只不过换了一个地方来增加简历投递量。视频面试的使用量其实并不大，尤其是还有线下渠道的校招，用人单位参加学校组织的空中双选会或者网络双选会更多的目的是用校方的平台收简历。

说完了线上，我们来聊聊线下。除去我们都熟悉的线下宣讲会，线下的校招主要有两种，线下宣讲+现场初面，还有分行业、分地区、分类别的双选会（见面会）。那么它们两个的区别是什么呢？我们要从用人单位参与这两类招聘活动的目的来看，线下宣讲+现场初面的用人单

位针对性和指向性更强，通俗一点说它们岗位相对多，且更想要我们，初面的效果更好，入围下一轮的成功率更大。双选会呢，单位数量多，排队人数也多，相比而言针对性要弱一些。其实我们自己也能感觉出来，双选会上一般都人山人海，不一会儿就简历成摞，HR 这一天下来的工作量会非常大，我们要想杀出去，难度会更大一些。

我们认识了线上线下这几种主要校招形式的特点，下面我们根据它们的特点和属性，制定不同的组合，最大限度地用好它们。

1. 精投盯宣讲

如果我们的目标单位进校宣讲+面试，一定不要错过机会，排长队也要争取到一次初面的机会。如果只宣讲不面试，有时间也要去和 HR 聊一聊，把自己关心的问题大胆地问出来，千万别害羞，很多台上不适合公开说的，只能通过台下多沟通。问题来了，老师，我的目标单位不单独进校宣讲，怎么办呢？先看看它来不来双选会，很多用人单位不单独宣讲是因为招聘计划比较少，没必要费时费力单独做，一般会参加双选会，这个时候的双选会不能海投，一进去就得直奔主题，不仅要争取面试机会，还要多提问。或者参加线上排队视频面试的空中双选会，力求争取到面试机会。

2. 海投抓双选

想海投可不能错过网络双选会，资源确实多，一般一场上百家用人单位，感兴趣的要投，投完就等着。对于线下双选会，只海投也不行，还是要制定策略，哪些投个简历就撤，哪些一定要争取面试，提前规划好路线，这样效率更高。对于面试经验相对较少的同学，双选会不只是海投，更重要的是通过多面试来积累更多经验，要知道双选会可是我们提升面试能力的高速路。

　　了解了线上线下不同校招形式的特点，我们就要根据自己的求职方向，制定适合自己的校招组合，用网络双选会广撒网，用视频面试拉距离，用线下双选会抓机会，用线下宣讲会钓大鱼等，打好自己的组合拳，最大限度用好校招资源。

关键词：网申

秋招"行动"进行时，备战网申—— 升级"尽调"武器库

前面我们完成了简历的制作，估计现在很多同学终于知道为什么我一开始让大家写一份超详细的个人求职"尽调"了吧！我们的简历其实就是"尽调"的缩小版，未来我们的网申、面试都会在"尽调"的基础上再升级，求职"尽调"就像我们的武器库，我们需要什么武器，就从"尽调"中组装什么武器。当然，随着网申、面试等经验的积累，我们也会不断将面试中遇到的问题再补充到我们的求职"尽调"中，不断更新，不断升级、改装，慢慢就会发现自己已经积累成为终极版的"钢铁侠"，网申、面试也会变得越来越简单。下面为了备战网申，我们先来升级一下我们的"尽调"武器库。

经常听到同学们抱怨，"网申太熬人，随便一个网申一上午就过去了"。网申最"熬人"的部分是什么？是开放性问题。面对开放性问题我们怎么办呢？我们要在求职"尽调"中提前准备好"积木"，网申中需要我们搭什么，我们就搭什么。一般而言，网申开放性问题有这么几类。

（1）成就/失败事件。请描述一下大学期间你认为最成功/最失败的事情。

（2）自我评价。说一说你的优点和缺点，说一说你的兴趣和爱好。

（3）职业规划。你为什么选择我们公司？未来 3~5 年的规划是什么？

（4）攻坚克难。说说曾经遇到过最困难的事情，并详细说说你是怎么解决的。

……

以上是出现频率比较高的开放性问题，其实开放性问题是无穷无尽的，我们要做的不是去死板地"背题"，而是准备好我们自己的"故事"去"套题"。题目的问法可能会有很多种，但是抽丝剥茧之后呈现的都一样，我们完全可以一石二鸟。比如，你每天坚持写日记总结收获、经验、教训，以此不断提高自己。这个案例"成就事件"可以用，体现你持之以恒、不断提高，最终达到预期的目标（拿奖学金、保研、成功到梦想的公司实习等）。"自我评价"也可以用，认准目标能够坚持，不轻易放弃，这些都会成为你证明自己优点的案例。有了"故事"，我们只需要根据题目想要考查的内容，再结合所投岗位要求的能力素质，从故事库里抽取相应的"故事"，再稍做修改就能得到完美答案。所以，备战网申——升级求职"尽调"武器库的核心就是要挖掘并写好我们自己的"故事"。

问题又来了，我们要挖掘哪些方面的"故事"呢？还记得咱们之前聊过"用上帝的视角看求职"吗？想一想连接你和 HR 的是什么？是胜任力啊！HR 要考查你的胜任力，你讲的"故事"要证明你的胜任力。所以，我们要根据用人单位的胜任力模型来挖掘我们自己的"故事"。还记得之前给大家分享的那个通用能力素质模型吗，这样你们需要挖掘的"故事"就有了！

价值观方面：诚实守信；有担当；渴望成功，进取心强；愿意合作，乐于分享。

性格特征方面：坚忍不拔，内心执着；积极乐观，抗压力强；勇于探索，勇于创新；富有同理心。

能力素质方面：解决问题能力（洞察本质、有效应对）；沟通能力；团队协作；组织推动（目标分解、有效执行）；持续学习（善于学习、乐于学习）。

每个"分号"前面就是你要挖掘故事的主题，比如哪些故事能证明自己"渴望成功，进取心强"/"愿意合作，乐于分享"/"积极乐观，抗压力强"/"持续学习（善于学习、乐于学习）"。怎么写呢？还是老配方"STAR"原则。大家可以挑几个能力素质先写"故事"，后面再和大家聊怎么把故事改装成 HR 想要的开放性问题答案。

快去写故事，升级我们的求职"尽调"武器库吧！

秋招"行动"进行时，一起用"故事"拼答案吧

　　为了解决网申中棘手的开放性问题，我们升级了求职"尽调"，一起按照胜任力模型去写了"故事"，我相信大家一定都积攒了不少的好"故事"。今天，我们就一起把这些"故事"拼成开放性问题的答案。拼"故事"之前我们要先强调一下拼的方法。

　　投其所好：这四个字应该贯穿我们求职的全过程，不管是简历、网申、面试，我们都要能够跳出自我，站在 HR 的角度，甚至更高的上帝视角来思考问题，一定弄清楚他想要什么、想考查什么，然后给他想要的。

　　主线逻辑："主线"思维有多重要，之前我们聊实习的时候就说过了，大到职业规划、offer 选择，小到简历制作、问题回答，它都无处不在。我经常和来咨询的同学们说，当你被面试官难倒的时候，先想清他要什么，顺着他想要的这条"主线"，逻辑清晰地给他一二三四点，这样的答案可能不完美，但至少能保证及格、不跑偏。回答开放性问题也是这样，我们一定要有清晰的主线，再根据主线逻辑层层递进。这样才能体现出你"发现问题、分析问题、解决问题"的逻辑思维能力以及面对问题能抓重点、切要害的分析判断能力。再配以能够佐证论点的案例或故事，一定会是个优秀的答案。

掌握了"拼故事"的方法，我们来一起拼几个问题的答案。

问题一：为什么选择这个行业/岗位？

考查点：考查你对行业/岗位的认识，你和行业/岗位的匹配度以及你自己未来的职业规划，并通过以上三点来综合评价你的稳定性。对行业认识透彻，不是一拍脑袋就来的。自身很适合，同时职业规划很合理、很清晰，这样的求职者稳定性一定高，自然会加分。

主线逻辑：了解行业/岗位—匹配行业/岗位—未来扎根行业/岗位，逻辑清晰、层层递进、环环相扣。

回答案例：

行业发展：我曾在××公司实习，因项目需要做过关于××行业的研究报告，对行业/岗位比较了解（用案例/故事增加真实性）。×××背景下，企业对××业务的需求会日益旺盛，行业/岗位会迎来一段高速发展期（用时事、企业动态及专业词汇来肯定行业/岗位未来发展）。这一契机给从业者创造更多的机遇和平台，我希望能够贡献力量，同时在磨炼中不断成长（表明自己的态度，既为行业/岗位创造价值，又表明不断成长、积累资源）。

高度匹配：我就读于××大学××专业，系统的专业学习让我具备行业/岗位所需专业素养（首先表明专业对口）。我有 2 段行业/岗位相关实习经历，为××公司××岗和××公司××岗，2 段实习共参与 6 个项目，主要负责×××方面工作，熟悉××全过程（相关实习经历，数据+职责+业绩；专业、证书、知识、实习等讲述硬件要求方面的匹配）。

行业/岗位非常看重数据处理和研究分析能力，分析数据、寻找规律是我的兴趣点，偏静的性格让我更适合研究（讲完硬件匹配开始讲软件匹配——兴趣性格）。备战数学建模竞赛对很多人来讲是段痛苦的经历，对我而言却相当美妙。为了建模我和团队成员曾连续奋战××个小时，从陷入困难到突破重围，每一次从数据背后探寻到规律都让我无比兴奋而忘记疲劳，最终我们获得美赛××等奖，最重要的是让我发现了我对数据和研究的热爱（把备战美赛的故事拼在这里，生动、真实地展示自己与岗位相匹配的兴趣和性格，讲故事着重解决问题的过程）。

未来规划：从事行业/岗位是我职业发展的主线，专业学习、实习经历也一直围绕其准备（指出自己职业发展主线）。如有幸进入行业/岗位发展，我会根据行业/岗位需要，夯实基础、不断积累项目经验，2到3年快速成长为业务成熟的从业人员。再结合公司需要和个人优势，深挖、细化，力争5年成为领域专家（指出3~5年，先成熟，再专业化的职业发展路径）。

问题二：谈谈你的缺点？

考查点：考查你的自我认知，考查你弥补缺点的能力，考查你是否真诚。

主线逻辑：了解缺点—正视缺点—弥补缺点—成为"优点"。

敲黑板：不要把岗位需要的核心能力当成缺点写出来，也最好不要用"面经"里用烂了的"喜欢追求细节/完美影响导致项目/作业进度等"。

回答案例：

我的缺点是资历较浅，相关经验不是很丰富，还需要继续学习、历练（直接指出缺点，表明自己了解缺点）。在××公司××岗实习过程中让我深刻认识到自己的缺点和不足。实习过程中，我主要负责××方面的业务，初入项目我希望有所成就，自己加班加点、四处沟通想加快推动项目进程，自己很累效果却不好。主管领导帮我复盘了整个过程，他告诉我成事需要天时地利人和，要懂得找准节奏、分析形势，空有一腔热血和一身蛮力是不够的，要把劲使在刀刃上（通过讲故事，生动重现自己正视缺点的全过程，还附加说了自己的实习经历）。

从那之后，我每次着急的时候都告诫自己先别蛮干，而是强迫自己去思考，天时地利人和都在哪？怎么凑齐？凑齐之后怎么高效推进（点明弥补缺点的过程）。不知不觉养成了自己凡事多请教、先思考、再行动的习惯（缺点成为"优点"）。

两个问题和案例分析完了，你们应该知道怎么在主线逻辑下投其所好地拼故事了吧！

那么，开始拼故事吧！把常用的网申开放性问题整理一下，让你求职"尽调"里的故事动起来，变成网申的完美答案！

关键词：笔试

最容易忽视却很容易"挂"的笔试

这段时间接到不少学生的咨询，说自己没找到心仪的暑期实习，看身边同学们的朋友圈满是忙碌，自己突然有点不知道该做些什么。我连忙追问"笔试准备了吗"。回答往往是"老师，笔试还需要准备啊！精力都放在群面、单面上了，笔试要准备些什么呢？"这其实是我们求职阶段最容易犯的错误，一不小心就忽视了"笔试"。"笔试"有多重要呢？给大家举个简单的例子，你实习的特别好，部门领导特别满意，但秋招时在形式上还是要走一遍校招流程，假如你笔试挂了，那么你大概率就"凉凉"了。你可能会特别后悔，你实习部门的领导们也会特别诧异，这么优秀，怎么就挂在了简单的"笔试"上面了呢？其实，笔试并没有我们想象的那么简单，想裸考或者想考前突击，一蹴而就刷个好结果，是低概率事件。笔试准备与否，最终的结果可谓天壤之别。所以，我们一定要重视笔试，好好准备，不能掉以轻心。那笔试要怎么准备呢？这里和大家聊聊我了解的校招笔试。

之前和大家聊过大部分金融机构笔试的考查内容，虽然侧重点不同且变化较多，但是一般都离不开行测、专业素养、英语和性格测试等内容，再仔细看看金融行业之外的笔试内容，其实也都万变不离其宗。放在第一位并且考查最频繁的还是行测。你可能会说："老师，我不考公务员，是不是不用准备行测了？"这其实也是误区。考行测的用人单位其实有很多，大多数事业单位、高校的笔试会考行测；大多数国企、央企尤其是委托第三方机构做笔试的用人单位也都会考行测；很多高质量企业需要学校内推，学校内推选拔笔试也都会考行测。因为行测是目前各大用人单位及人才机构都比较认可的考查方式。换句话说，校招求职我们很难绕开行测这道关卡。

如果是金融机构或者"泛金融"行业的专业岗位等，除了行测还会涉及专业知识和综合能力。专业知识方面主要考查金融、经济、会计等学科相关内容，金融学比较高频的考点有货币、金融市场、资产管理等，经济学主要是宏观经济学、微观经济学的内容，会计学整体占比不是很大，但是财务报表分析这些基础知识一定是高频考点；综合能力方面主要考查法律、管理、计算机等学科相关内容，法律主要是公司法、证券法、商业银行法等内容，比重整体不大；管理方面考战略、决策、组织与文化、市场营销等；计算机会考一些基础和最新技术，理论基础可以看看计算机等级考试里面的基础题，最新技术就靠平时积累了。以上差不多包含了笔试考查的核心内容。

知道了笔试考查的核心内容，现在聊聊怎么准备。和很多师兄师姐都聊过他们是怎么准备笔试的，大家基本一致认为笔试题目本身都不难，难的是题量大、时间短，平均一道题你只有不到 1 分钟的做题时间，既要保证速度，还要保证正确率。所以，除了知识点本身的积累之外，最重要的是要不停地强化训练，形成适合自己的解题框架、方法和思路。一位斩落诸多笔试的师兄和我分享过他自己做题的方法，擅长的题不失分，不擅长的题不恋战。所以，多刷题是第一位的，速度和正确率是建立在大量刷题的基础之上，从量变到质变的结果就是形成我们自己的做题方法和思路。你可能会说："老师，行测题刷起来容易，但是专业知识和综合能力的题找不到啊！很少有金融机构会公布自己的笔试题目。"确实是这样，但是方法还是有的，最主要靠互相分享。求职过程中会有很多求职微信群，师兄师姐和一些一起求职的小伙伴会分享很多笔试题目，这个时间段要多进求职群，多交流，把比较有价值的群置顶，避免错过重要信息；另外，会有一些专门做相关行业求职的培训机构，他们会系统整理笔试题库，一定注意甄别，一般和高校或知名企业有过合作案例的机构都会比较靠谱。

刷题是方法，核心是边刷题边系统地构建自己的知识框架。行测可以听听有关解题方法的讲座，很多培训机构做得很专业；专业知识和综合知识，一定要翻之前学校老师讲课时划的重点，再温习一下之前的讲义，真正吃透课本里面重要的知识点，不管是老师出题，还是企业出题，其实考查点都离不开最核心的那些高频考点。这些高频考点，笔试会用到，面试的时候也有可能会用到，再翻一遍，"买不了吃亏，买不了上当"。整体来看，准备笔试就一句话，边刷题边翻课本，巩固知识构建方法，把握时间研究战术，努力与否，天壤之别。

笔试很重要，也很实在，相比于其他求职环节，只要你付出了就一定有回报。抓住我们能抓住的，努力准备、多多练习，一定能轻松迈过笔试这道坎！

关键词：面试

求职"面霸"养成记，我叫"不紧张"

记得大学期间最囧的一件事就是面试学生会的时候，由于过度紧张，自我介绍一张口就说成了我叫"不紧张"，当场笑翻一票人。从那一刻起，为了弥补"自我介绍"这个梗，我对着镜子背报纸，还特意加入外联部，满街拉赞助，最后也算是逆风翻盘，填了之前的坑。为了不让大家跳我之前的坑，今天我们来聊聊求职中的自我介绍。

好多同学往往忽视自我介绍，认为随便说说即可。其实自我介绍非常重要，打个比方，它就好比我们和HR"奔现"的第一面，是否能一见钟情就看你这一张嘴能不能让他印象深刻。我们不仅不能怠慢，而且要好好地准备，反复地练习，达到登峰造极的水平。什么是登峰造极的水平呢？明明是背的，你却听不出来；听的时候能让你不由自主地频频点头，甚至露出"姨母般的微笑"。

那我们要准备几个版本的自我介绍呢？一般三个就够了，分别为3分钟、1分钟、30秒。其中，30秒主要用于群面。

自我介绍一般要包含以下几项关键内容。

基本信息：姓名、学校、学历、专业，如果是面试生源地的用人单位可以将家乡加上；如果导师在该岗位所涉及领域很受认可，可以说明自己是导师的学生。

匹配经历：与公司岗位所要求的能力素质相匹配的经历，实习、证书及能证明自己具备岗位素质的"故事"等。

比较优势：在胜任岗位方面你比其他人突出的优势是什么？实习经历更丰富、更有经验，还是更擅长岗位所要求的技能等。

那自我介绍该怎么准备呢？拿出你的简历，和我们写求职"尽调"的套路一样，先写一个扩充版，再根据所投的岗位，以岗位看重的能力素质为导向，舍弃、浓缩，逐渐砍成3分钟、1分钟和30秒。

那么问题又来了，"老师，基本的我都懂，我想要进阶的，想要我的自我介绍能够让人印象深刻"。之前和你们聊简历的时候说过有个方法叫给自己"贴标签"，也就是用关键词给自己总结。

认真讲故事：我曾经指导过一个学生，她的自我介绍让他们老大从头记到尾。她投的岗位主招会计专业，非常看重从业经验和专业素养，公司和部门风格不死板，比较活泼。以下是她的自我介绍。

各位老师好，我是××大学会计专业硕士应届毕业生，我有3个关键词。

第一，我是"根正苗红"的会计人。我本硕均就读××大学会计专业，本科绩点××，并成功保研；硕士成绩在专业前5%，主要研究方向为×××，相关课题2项，发表文章1篇。六年系统的会计专业学习，让我具备过硬的会计专业素养，我已通过注会所有科目。

第二，我是有3段实习经历的"准职场人"。××岗一直是我的职业目标，围绕这个主线我一共有3段实习经历，且每段都在3个月以上。在××公司实习，我主要负责×××业务，让我掌握××岗位所需要的××、×

×等基本技能；在××公司和××公司的实习，我一共深度、全过程参与了××、××等 4 个项目，其间我主要负责×××业务，积累了丰富经验。

第三，我是个活泼、开朗，永远热泪盈眶的"新疆妹子"。我爱跳舞、爱唱歌，在校期间以主持人和演员身份参与大型晚会××次。同时作为班长，我始终用乐观、积极的生活态度和同学们一起度过很多个难关。我们一起熬夜备战注会、一起奔波实习。永远积极向上、永远热泪盈眶是我工作和生活的信条。

扎实的专业素养、丰富的岗位经历、积极乐观的工作态度是我最大的竞争优势，我相信自己能够胜任××岗位的工作，希望有机会能加入这个大家庭。谢谢！

她入职后听人力的同事说，老大听完她的面试，没记住她的名字，就记得那个会计的新疆女孩不错，一直从初面记到了终面。

现在进阶版的你们也明白了，剩下的就是"拼命练"啦！

1. 一定写下来

好记忆性不如烂笔头，一定先有文字稿，然后再根据岗位不停调整。

2. 一定背下来

一定要背下来，说顺了远远不够，因为你是在紧张的状态下说它，要倒背如流，然后用"说"的口吻说出来（千万不要用背诵的口吻，HR 最不能忍这个），就像前面说的"明明是背的，却听不出来是背的"。

3. 一定练到极致

3 分钟就是 3 分钟，1 秒都不能超，练到时间刚刚好！

写好、练好"自我介绍"，再一次去升级我们的武器库吧！

求职"面霸"养成记，多准备一点真的会与众不同

今天，作为面试官参加了一场在线视频面试。来面试的都是硕士，各个高校的都有，还有一部分是"海归"的同学。看同学们面试的心情就像坐过山车，真的是跌宕起伏，有的时候是真着急，有的时候是真欣慰。全面试完之后，我把所有面试者的面试表现从头到尾又都复盘了一遍。虽然去当面试官是家常便饭的事，但是这次感触特别多，可能和视频面试这种形式有关，在这个视角下发现了一些不一样的问题，赶紧写下来和同学们分享一下。

1. 做到极致就是完美

同样是一个摄像头，呈现出的世界完全不一样。我认为有的孩子真的做到了极致。视频角度、与摄像头的距离、穿着打扮、面部表情以及手势动作都控制得非常到位，这一定是经历过无数次的演练才能拿捏得如此完美。而有些孩子确实忽略了这些，离摄像头很近，头部占据了整个画面，给面试官很大的压迫感；小动作也很多，你要知道当满屏幕只有你自己的时候，想问题时下意识地翻个白眼都会在摄像头的加持下无限放大，大家可以想象一下当时的画风。线下面试不会出现的问题，在摄像头细微的记录下都会被聚焦、被放大。所以，我们也要随之调整、随之改变。怎么调整呢？用做到极致的态度去准备你的面试。

（1）提前熟悉面试软件，不要因为软件操作影响整个面试进程。

（2）调整好视频角度和摄像头的距离，上半身在画面内会给人舒服的感觉。

（3）刻意去关注一下自己的面部表情和小动作，尤其当你紧张或思考的时候，要知道在摄像头下，它们真的会"出卖"你。

（4）调整好你的话筒，自己听着舒服也要让面试官听着舒服。

（5）调整好你的精神状态，让面试官隔着屏幕也能迎面感受到青春的气息。

2. 多准备一点会与众不同

整场面试下来我和同事开玩笑说："面试前花一小时做个简单的调研，可能真的就不一样了。"但是有些孩子真的没有"多准备一点"。很简单的一道问题，很多人都答偏了，为什么呢？因为他们真的没有研究所应聘岗位的需求，不知道所应聘岗位要的能力素质是什么？很多孩子沉浸在谈自己的经历、自己的实习、自己的感受，直到把自己的面试时间都耗完了，而这些其实并不是所应聘岗位想要的。有的孩子一看就是调研过、准备过，虽然经历和所应聘岗位需要的不是很匹配，但是用词都是所应聘岗位"行业"内的专有词汇，面试官自己都会感受到这个孩子用心了。

短短十几分钟的面试，不能在自己的世界里自说自话，要跳出自己的范围，从面试官的角度，甚至用上帝视角去看问题，你要明白这个问题是想要问你什么？想考查你什么？

今天的面试有个同学回答了一个特别难的问题，直接让自己逆风翻盘。我当时激动得不由竖起了大拇指。她为什么能做到？她摸清了面试官想要什么，说到了面试官的心坎里。

那么，面试前是不是该多准备一点，调研一下这个岗位需要什么样的人？

3. 不积跬步无以至千里

经过今天的面试我发现视频面试最大的好处就是方便你们"复盘"，以往的线下面试只能通过回忆才能总结自己的表现，视频面试我们可以录屏。就像我每次打拳击实战，都要把自己挨揍的视频录下来，反复地看自己怎么挨揍的，然后再不断地提高、练习，终于有一天我发现再打实战自己挨揍少了！

面试也是一样，把全过程录下来，反复地看、琢磨，发现自己哪里不好，有针对性练习，一小步、一小步地提高，一定会是个美好的结局。

漫漫"面霸"路，多一点准备，多一点付出，极致之后就是完美。

求职"面霸"养成记，无领导从"角色"入门

一谈到无领导小组讨论，好多孩子都直呼头痛。但是又不能不硬着头皮往上冲。因为，HR 真的太爱无领导了！现在已经成为使用频率最高的群面方式了。那么，我们该怎么正确面对无领导小组讨论呢？借用你们无领导大神师兄的原话，"没什么可怕的，其实就是你实习时团队开的项目推进会，再通俗一点就是做课上案例分析的小组讨论，背后的逻辑是一样的，平常心、平常心"。的确是这样，其实在日常的工作和学习中，你们都经历过很多次无领导小组讨论的场景，在能力素养上一定是过关的。所以，没有必要心生畏惧，我们不是不行，只不过还不熟悉这其中的"套路"，掌握了方法，再多多练习，一定能够所向披靡。那么要掌握"套路"，我们先从"角色"说起。

无领导小组讨论一般有这么几个主要角色，Leader（团队领导者）、Timer（时间控制者）、Recorder（内容记录者）、总结汇报者、第二领导者。

1. Leader（团队领导者）

风险最大，同时收益也最大的狠角色，一般也会是破冰者，第一个提出分析问题的主线和讨论框架。要能时刻掌控团队讨论方向、进度和节奏，还要照顾到团队中每一个角色，团结大家共同进步。Leader 有风

险，担当需谨慎。一旦站出来就要负责到底，带领团队突出重围，但凡团队整体结果不好，你的责任最大，如果中途领导地位不保，那么自己就比较危险了。

如何当个好 Leader？不做"暴君"，认真倾听每一个声音；不"迷失"，不过度沉溺于细节，而是抓住主线拉着大家往前走；不"懒政"，不高高在上，而是默默助力每一个角色都各司其职。

2. Timer（时间控制者）

掌握团队讨论整体时间安排，不仅需要强烈的时间观念，更需要整体的统筹、规划，形成整体的时间安排，并能够根据具体讨论的进度随时调整各个阶段的讨论时间，拉着整个团队在正确的时间轨道上前进。不是手表好就能当 Timer，最重要的是有整体规划，还能监督到位，保证在规定时间内完成规定任务。

如何当个好 Timer？"好规划"：每个阶段时间分配合理，发表观点、确定框架、展开讨论、升华结论等，最好可以留出总结陈词的演练时间。"好闹钟"：定期看表，随时提醒每个阶段的时间，遇到浪费时间的啰唆者，要敢于打断。

3. Recorder（内容记录者）

把握内容主线的"编剧"，需要记录、总结团队成员的观点，保证讨论内容不跑偏，沿着正确的分析框架、逻辑主线层层推进。善于总结是一方面，更重要的是能够把握主线和方向，发现跑偏的苗头，立马拉回来。

如何当个好 Recorder？"好脑子"：用好表格、序列、关系图等科学的记录方法，逻辑和思路一定清晰，一定不能颠三倒四地胡乱记。"好笔头"：注意力时刻在线，切记不能遗漏重点。

4. 总结汇报者

代表团队"发声"。心理素质要好，公开发言不紧张；语言表达能力要强，不重复、不拖沓，表述准确、干脆；逻辑要清晰，能够将讨论内容归纳总结完整。总结陈词者也是机遇和挑战并存，发挥好一定加分，发挥不好反而会影响成绩。

如何做好总结汇报者？"好台风"，表达简洁、干脆，落落大方；"好思路"，一、二、三点，内容全面，逻辑清晰；"好掌控"，时间一定要控制好，最完美是说完感谢，时间结束。

5. 第二领导者

也俗称"二当家"，是 Leader 的最强辅助，能够从中调和大家意见，并且在关键节点能够有效发言，及时为领导者补位。当然，二当家表现好，随时有可能把大当家拍在沙滩上。

如何当好二当家？"点子王"，智商在线，能够提出有含金量的有效发言；"泥瓦匠"，修补随时在线，协调、润滑各个角色之间的关系，让大家各司其职往前冲。

还有几个必挂的角色，我们一定要避免，比如"墙头草"和"酱油君"。"墙头草"，一直在跟着别人跑，全程没有自己一点想法，也说话了，但是都不是有效发言；"酱油君"，全程不在线，基本不发言。

通过认识角色，大家应该对无领导小组讨论的"套路"有了一个基本的概念，至少知道在讨论中自己是哪个角色，其他人是什么角色，每个角色的职责又是什么？我或者他把这个角色做好了吗？至少不再是一头雾水的铁憨憨了，那么，这就算是基本入门了。

问题来了，这么多角色，该怎么"选角色"和"抢角色"呢？我们之后慢慢聊！

求职"面霸"养成记，无领导之"抢角色"大战

从"角色"入门之后，我们知道了无领导的各个"角色"都需要做什么，这么多"角色"，我们该怎么"选角色"和"抢角色"呢？还记得我们从做简历就一直在反复提的"投其所好"吗？无领导同样也需要做到"投其所好"，因为无领导只不过是一种考查形式，透过形式看本质，它最终还是要筛选出和岗位相匹配的求职者。因此，不同用人单位、不同岗位的无领导考查的侧重点也是不一样的。所以，我们"选角色"要基于两点：第一，岗位更看重哪些能力素质；第二，自己能够更胜任哪些角色。既然这样，我们就要先了解无领导这种形式能测出哪些能力素质；不同角色在哪些考查点上有优势；然后再和岗位所要求的能力素质对号入座，自然就知道这一场无领导，大体该如何表现、策略如何。

一般来讲，无领导更侧重考查这几方面的能力。

1. 组织协调

也就是我们常说的领导力，在无领导中主要表现为你能否"带动"身边人，将身边人带入你的"节奏"。不只停留在认同你的某个观点，而是愿意跟着你的思路、方向往下走。最能代表这方面能力的角色当然是"Leader"和"第二领导者"，再有优势的就是 Timer，可以通过对时

间进程的规划、把握，组织好整个讨论的时间节奏，给自己加分。

2. 逻辑分析

我们常说的逻辑思维与问题分析能力，主要表现为能否抓住问题重点，并搭建逻辑框架。面试官会从你的每一次发言中去抓这一点，抓到了就是我们强调的"有效发言"，会加分。抓不到，0 分甚至扣分，这就是为什么有些孩子觉得自己发言挺多的，分数反而不高，因为"有效发言"少。这个能力是每个"角色"都必不可少的。我个人认为"Recorder（内容记录者）"是有优势的。如果 Recorder 能够将分散的观点迅速总结、整理、加工，形成思路与框架，并最终得到关键结论，一直牢牢把握"内容"主线，那么这一项能力的得分一定会高。

3. 团队协作

主要表现为能否找到自己的角色（定位），发挥自己最大的能量，为团队做补充。这应该是每个人从内心里认定的"共识"，也是每个角色都需要做的基本点。如果讨论过程中，一意孤行而放弃合作，那么一定会失败。

4. 语言表达

主要表现为能否简洁、清晰地表达自己的观点。"总结陈词者"在这一点最有优势，相比于其他角色，他有一整块自己单独陈述的机会，很多孩子依靠这个机会逆风翻盘。当然，机遇与风险并存，汇报不到位反而会"凉凉"。

5. 应变能力

主要是在讨论中自我调整的能力。自己观点不被认同，发言被打断，准备发言又被抢，甚至领导地位或者角色被抢……遇到这种情况，考验的是自己能否冷静对待、迅速调整，慢慢找回自己的节奏。

了解了无领导主要考查的这几项能力，再加上我们对所投岗位侧重考查点的调查，我们就可以制定策略了。比如偏前台的岗位，更看重沟通表达，那么就要争取"总结陈词者"，给自己争取更多展示自己表达能力的机会；偏中后台岗位，更看重研究和分析能力，那么 Recorder 可能是个不错的选择。当然，我们还有第二条，那就是自己能不能胜任。如果驾驭某个角色对自己有难度，一定不要逞强。见过太多的孩子其实并不太适合做 Leader，反而去争 Leader。结果中途被拉下来。

问题又来了，"老师，前期经验不丰富，有没有比较稳妥的打法呢"。好多"面经"推荐首先抢 Timer，我个人也比较认同这个打法。为什么呢？因为掌握时间就掌握了全场的节奏，可进可退，可攻可守。你要知道 Timer 是唯一可以正经打断别人说话的角色，因为他有时间这把尚方宝剑。

个人建议比较稳妥的打法是，先抢 Timer，如果 Timer 被抢，去接 Recorder。然后做好两件事，第一，不论哪个角色，记录好每个人的发言，能够随时顶上做"总结陈词者"。第二，有效发言，可进可退，更多发挥"第二领导者"的作用。你可能会说，"老师，这是很多角色啊！"是这样的，虽然有相对明确的角色之分，但是讨论过程中每个角色之间的任务都会重叠，抢角色的目的不是让我们就只盯着这一个角色，而是从这个角色切入，找到自己的定位和节奏，推动团队胜利的同时，向面试官展示自己更适合岗位的能力素质。

现在，"抢角之战"你准备好了吗？那就去找机会练习吧！

求职"面霸"养成记，无领导的"解题之路"

聊完了"角色"，我们也算是被领进门了，进门之后就看我们自己的"修行"了，"修行"没有捷径可走，唯有"多练习"。很多走过校招的师兄师姐和我聊，"即使看再多'面经'，第一次无领导依旧是惨痛的，后来越做越多，也就越来越顺"。纸上谈兵，终究不如真枪实弹。所以，要想破题无领导，只有反复的练习。找战友们一起模拟当然效果最好，但凑"游戏局"容易，凑"无领导局"怕是不好约人。其实，仔细想想无领导考查的那 5 项能力当中，哪个是最核心的呢？当然是逻辑分析。无思路自然就没有"有效发言"，没有"有效发言"就没有贡献度，没有贡献度面试官凭什么让你入围？逻辑分析我们自己也能练，练什么？练怎么逻辑清晰地解题。要解题就要先了解题型，下面我们就一起看看无领导常见的题型和解法。

我个人来看，无领导常见的题型主要分为开放式热点问题、角色扮演资源争夺问题、正反方辩论问题、商业案例分析问题、多项选择问题、手工操作类问题等。

1. 开放式热点问题

一般和业界热门事件有关，比如"瑞幸咖啡"事件，让你提出自己的看法。回答这类问题还是要靠积累和刻意准备，养成平时关注行业内热点事件的习惯，多看看一些公众号或者 UP 主的分析，积累更多素材。刻意准备就是找一找这个单位之前的无领导题目，再刻意看看和行业、岗位相关的研究报告，提前储备一些专业知识点。当遇到这类问题的时候，快速地寻找自己储备的"积木"，把所有和题目相关的部分有逻辑地拼凑起来，自然就有了基本的解题之法。

2. 角色扮演资源争夺问题

同样的背景下给每个人赋予不同的角色，比如一批运行资金下来了，要分给不同业务部门，每个人担任一个业务部门的部门老大，来讨论资金的分配方案。看起来复杂，其实核心还是"谈判"，自己争取最大利益的同时保证合作能够顺利进行，竞争中求共赢。遇到这类问题，我们一定要想清楚以下几件事。第一，问题的背景是什么，有哪些关键信息点能成为你"谈判"的筹码。比如，公司未来主要发展战略和你的业务关联度很大，这些都可以是你谈判的"筹码"。第二，我的任务目标是什么？我的底线在哪里？明确目标和底线，知道要争取什么，要守住什么。第二，别人的立场在哪里，诉求是什么，软肋在哪里？哪些可以发展成朋友，知己知彼才能制定策略，有方法、有对策，才能竞争中求共赢。

3. 正反方辩论问题

公务员和事业单位比较常用辩论问题，我自己当初求职的时候遇到了不少辩论问题。辩论问题有点像开放性热点问题，要靠平时积累。如果平时逻辑清晰、口齿伶俐、反应速度快，确实比较占优势。所以建议大家"量力而行"，不要在相对紧张的状况下挑战自己不擅长的领域，更建议稳中求胜，充分思考，抓住对方漏洞进行反辩，或者做好记录、整理好论点，争取总结陈词。

4. 商业案例分析问题

这类问题金融机构和外企用得比较多，给你一个商业案例，让大家共同讨论出一个方案。应对这类问题要关注以下几点。

（1）提取关键信息点

一定要仔细读题，一般来说材料里面给的信息点都有用，千万不能遗漏，这些都会是你制订方案的依据，同样也是重要考点之一。

（2）始终目标导向

一定要明确给你的任务是什么，需要解决什么问题。并牢牢抓住这个目标，不断地将任务和问题细化、拆解，这样才能把握方向，否则很容易跑偏。

（3）搭建分析框架

框架是分析问题的核心，也是体现我们逻辑分析能力最关键的要素，要培养自己遇事先搭框架的思维习惯。一般来讲搭建框架要关注两个核心点，是什么和为什么，首先要明确和理解问题（是什么）。其次要不断细化、拆分问题（为什么），这一步非常关键，挖得越深、拆得越细，后面方案制订思路就越开阔。平时学的 SWOT 模型、4P 模型等你都可以尝试去用，让它们来帮你搭建分析问题的框架，但是默默地用就可以了，别上来就把模型名字抛出来，很多面试官比较反感这种做法，要知道最牛的不是你懂这些模型，而是将它们内化成你的思维习惯。

5. 多项选择问题

给你多个选项，让你选择或者排序。遇到这类问题首先要制定"标准"。重要的事情说 3 遍，"标准、标准、标准"。标准不同，选择和排序自然不同，一定要确定和统一标准。

6. 手工操作类问题

给你材料、工具让你们一起造东西、造飞机、搭房子等，主要考查动手能力和团队协作能力。遇到这类问题一定要熟悉规则、探明资源，再确定方案、细化分工。

了解了题型和解题关键点，下面我们要做的就是根据题目进行练习。一切模拟实战，可以把手机当成面试官，开启摄像功能，对着手机作答；调好计时器，不要漫不经心，一定要在规定时间内完成任务。拿出笔和纸，把信息点、分析框架、观点都写出来，不仅练手速，更养成分析问题的习惯。最后，"复盘、复盘、复盘"，反复看自己录制的视频，看哪里有问题。不仅要将问题写出来，更要思考问题的答案，将你认为最全面的答案写出来。

这样，每一道题你都有了完整的答案、视频资料，请战友或者老师帮忙"挑刺"，或者自己过段时间再回来看看，想到新的答案再补充上去，随时温习，随时补充，这样练下去再碰到无领导，你还会害怕吗？

越努力，越幸运！再多经验都不如真枪实战！拿起手机，开始练习吧！

求职"面霸"养成记，聊聊单面的各路"招数"

我们求职的过程中，单面应该是最普通的"家常菜"了。但要做好这道"家常菜"确实不简单，面试官为了考查你，会使出各路"招数"。今天，我们来聊聊单面中常见的那些"招数"。

为了将单面形式聊透，我们从三个维度来看。首先我们从面试官使用的面试方法来看，常见的单面方法主要分为结构化面试、非结构化面试、情境面试、行为面试等。

1. 结构化面试

它最大的特征就是标准化，从面试题目、组织形式、评分细则等各个环节都是相对统一且标准化的，一般来讲，同一岗位面试者的题目相同、时间相同、程序相同。说得通俗一点就是，在面试你之前，面试官已经做好了一把"尺子"，他们用同一把"尺子"去量所有人，而做"尺子"的依据是什么？就是这个岗位所需要的关键素质或能力，或者换个角度用排他法，这个岗位不喜欢的人都有哪些特点，排除不喜欢的人。用同一把"尺子"量出适合的人，这就是结构化面试的核心。

2. 非结构化面试

它与结构化面试相对，它最大的特征是相对自由、灵活，没有固定的问题和套路，更多的是基于面试官的经验和判断，由面试官掌控面试的全过程，有的时候看似聊天式的唠家常，其实已经在考查你了。当然，问题一定不是天马行空，考查点肯定还是跑不出岗位所需的胜任力。

3. 情境面试

面试官会给你一个模拟的工作场景，让你根据特定的情境来处理实际问题。本质来看，它其实还是结构化面试的一种特殊形式。最常见的就是角色扮演，给你这个岗位日常工作中的一个场景，让你扮演其中一个角色去处理实际问题。比如，核算绩效如何协调、沟通前中后台等各个部门相关意见；遇到特殊客户、特殊问题时如何做特殊处理等。除了依据具体情境和案例进行问题分析外，根据角色和情境不同，还会涉及谈判、辩论，甚至是现场主题演讲。

4. 行为面试

面试官会让你描述自己在学习、生活或实习中所经历的一个具体事件，通过你对自己行为的描述，来考查你是不是和岗位相匹配。换句话来讲，就是通过你过去的"故事"，来勾勒你未来的"故事"。我们常说的"成就事件"就是行为面试的范畴。当然，面试官的提问会针对性更强，比如，岗位对数据分析能力比较看重，面试官可以直接问，"有没有参加过建模类的比赛或者相关的研究，简要说一下做数据分析的过程"。

其次还有压力面试，大家应该都比较清楚，面试官为了测试我们的抗压能力，不停地追问一些问题，使气氛变得剑拔弩张，而且感觉面试官盛气凌人，看你如何应对。

上面是从面试方式来看，我们从面试题目考查内容来看，可以分为自我认知与发展规划类、个人经历类、行业企业及岗位认知类、专业及业务类、个人愿景类等。

1. 自我认知与发展规划类

主要考查你的自我认知，是否能够清晰地认识自己并且厘清自己的发展"主线"，就是向面试官证明我为什么适合这个岗位，用自己的适合来说服面试官选择自己。

2. 个人经历类

主要是针对简历发问，一般问得最多的就是实习经历，所以简历上写的项目经历和专业词汇一定要真正弄懂、弄透，不然很容易被抓住问懵。

3. 行业企业及岗位认知类

主要考查对行业、企业及岗位的认识程度，要提前看行研报告、看公司官网、看业务链条、看服务客户、看公司及同类竞争公司年报等。

4. 专业及业务类

考查专业知识和业务能力，肯定是和你应聘岗位所需的专业知识相关，当然也会涉及你的一些实习经历。这类题目情境面试的方式挺常见，要多看一些商业案例，对于热点事件和公司业务要有基本了解，最关键的是深挖和吃透业务，不一定能面面俱到、完美无瑕，但一定要能抓住背后的逻辑。

5. 个人愿景类

对公司的期望、未来工作和生活的期望，比如薪酬待遇、发展路径、未来生活设想等。

最后，我们从面试流程上看，一般来讲，除了有些公司出名的 7 轮"彩虹面"之外，大部分用人单位面试为 3 轮，依次为 HR 面（初面）、业务面（二面）、BOSS 面（终面）。HR 面侧重岗位所需综合素质，业务面（二面）面试官主要是业务部门主要负责人，侧重看业务能力以及是否适合自己的业务团队；BOSS 面（终面）侧重情商、性格、价值观等。

　　真正面试的过程中，面试官一般打的都是"组合拳"，几个维度下的面试方式和面试问题都会涉及，并且在不同的轮次都会有所侧重。"组合"是七十二变的，而我们"破解"方法的核心还是我们经常用的，我们一直谈的那几个关键点：知己知彼，摸清岗位要求的能力和素质；投其所好，要什么给什么，证明我最适合；充分准备，时刻升级我们的求职"尽调"，把所准备的写成文字稿，反复练习、不断修改，尤其是结构化面试和常见问题，练与不练，天壤之别。

　　了解招数，充分准备，单面你们一定都能见招拆招！

求职"面霸"养成记，那些容易被戳中的致命伤

前段时间又做了一回面试官，整整一下午面了十几个同学，面完之后和一起面试的老师们复盘了很久，问题还是之前的老问题。但这次让我对这些"老问题"有了更多的"新认识"。私下又和同学们聊了聊，其实他们还是或多或少明白自己的"软肋"，归根到底还是重视不够，存在一定的侥幸心理，结果面试的时候轻轻一戳就变成了"致命伤"。今天，我们来聊聊面试中最容易被戳中的几个致命伤。

1. 一开口就"卡壳"的英语口语

这一点在上次的面试中表现得淋漓尽致，让我感触特别深。很多孩子中文面试天衣无缝，一个英文问题立马"凉凉"。有些孩子甚至一句话都说不出来，卡了半天最后来了句"sorry"。我当时特想冲上去质问他们，不知道岗位要驻外吗？面试都不知道准备一下基本的口语吗？本来面的一手好牌，一个英文问题全给打"臭"了。所以，对于英语口语，我们一定不能忽视，它最有可能成为你面试中的致命伤。但是口语更多靠平时积累，临时抱佛脚没用。试想一下现在立刻让你用英文做自我介绍，提前背好的和你现场发挥的哪个更容易胜出呢？道理其实很简单，有备而来一定会让你应对得更加轻松。所以，英文自我介绍和中文自我介绍一样，是我们面试的标配，一定要练到"出神入化"的地步。

那么，问题来了，"老师，其他的英文问题呢？能提前准备吗"。同样是上次面试中的感受，一个孩子面试的时候拿出来了自己记录的小本本，给我们展示了她平时积累的与这个岗位相关的专业词汇，虽然她发音一般，但回答问题的语法结构，用到的词汇还是很恰当的。我当时就被"圈粉"了，这真的是充分准备、化被动为主动的范例。因此，对于底子一般的我们，要回答好英文问题，提前准备是多么重要。要提前思考可能会问到的问题，提前背好回答问题的逻辑框架（多用一些高级的连接词），提前背好常用的专业词汇（不要用生僻词表达）。发音也许我们改变不了，但内容上我们不会输太多。这样，英文至少不会成为你一戳就中的软肋。

2. 一提问就"翻车"的专业知识

对于专业的提问是我们面试中必过的"坎"，要想迈过这个"坎"，没有捷径而言，只能靠自己的努力。我记得之前和大家分享过一个师兄的求职故事，他秋招总挂在业务面，自己过年一天没歇，从头把目标岗位的相关业务刨根问底地"啃"了一遍，用他的话说，"这次不是考试时候的生搬硬套、死记硬背，是真的从头到尾弄明白了"。首先能给自己讲明白，才能在面试中向面试官回答清楚。所以，对于目标岗位涉及的专业知识，复习的时候得一步到位，要真弄懂、弄透，不能草草背过，要经得起推敲。

3. 一聊深就"露馅"的实习经历

要问面试中一定会被问到什么？那一定是你写在简历上的实习经历，而且会问得非常细。很多同学挂在了这一关，简历上写得很好，一被追问立马"露馅"，要么"时间太久，记不清楚了"，要么"这个是同组其他人负责的，自己不是很清楚"。这样的回答怎么会不成为致命伤呢？所以，对于写在简历上的实习经历，这个必答题我们需要准备充分，它是我们少数能握在手里的必答题，既然能握在手里，为什么要失分呢，甚至成为自己的软肋。那该怎么准备呢？我建议全部写下来。之前和大家分享过求职"尽调"，实习经历就是求职"尽调"中的核心一环。把实习过程中自己的职责是什么，做了哪些事情，涉及哪些专业知识和业务流程，自己的业绩是什么？收获是什么？思考是什么？对岗位和行业，乃至上下游整个产业链的认识是什么？像写论文一样把实习经历深挖出来，再根据不同单位面试官提到的问题随时进行扩充。前期工作量可能会比较大，越到后面你会发现自己越来越轻松，所有的问题你都提前掌控了。不仅能应对，还能升华，这时候你会有一种感觉，那就是"无敌"是多么寂寞。

面试就是这样，当你用心了，下功夫了，软肋也会坚硬起来。但只要心存一点侥幸，就会被戳成致命伤。好好准备，让我们全身都披上盔甲。

求职"面霸"养成记，离 offer 也许就差一个复盘

前段时间有幸上了一次电视台的直播节目，只是自己发挥得并不理想，然后不停地看节目回放，复盘当时现场自己的所思所想，还找了不少前辈来帮忙指点，想找出自己的问题再进一步提高。深度复盘之后自己的感触还是很深的，当像"过电影"一样一帧一帧地把自己解析一遍的时候，问题和答案其实不需要别人告诉你，你自己就能深刻地感受到。回想我们的面试，道理也一样，我们并不是做不到，只是有的时候面试完后的疲惫或者赶场，让我们"懒"得去想，或者"忙"得顾不上。当我们抱怨面试被虐，offer 离我们十万八千里的时候，仔细想想，我们可能离成功就差一个复盘。

其实复盘不需要太多技巧，我们只需要做到两点：第一，立刻写下来；第二，坚持不懈写下去。说起来挺容易的，真正能做到并且坚持下去的同学凤毛麟角。为什么是这两句话呢？道理其实更简单，不立刻做，未来我们一定懒得做；好记性不如烂笔头，只靠回忆记不住；不坚持写，没有积累我们很难提高。我记得一位拿了十几个 offer 的师兄和我分享过他从"菜鸟"成长为"面霸"的全过程，靠的就是每次复盘后积累下的将近四万字的"面经"。当我们聊过的大神越多，你会发现他们都有一个共同的特点，就是都有面试后写总结的习惯。而这些小总

结其实就是我们复盘后给自己的积累，这些积累才是我们真正成长的力量。问题又来了，"老师，复盘这么好，有技巧和方法吗"。最想说的是无招胜有招，最关键的不是技巧，而是能不能"坚持写下去"。虽然我们强调"无招"，但是方向和侧重点还是要区分的。

1. 单面攒内容

我们都知道面对面试官的问题时，要知道面试官这么问想考查什么，要踩上点，并且回答要有逻辑。道理和套路我们都懂，为什么问题抛过来的时候还答得差强人意呢？因为肚子里的答案少。我们需要积累一些相对完美的问题答案，面试现场的时候像积木一样拆开再重新排列组合。那就不能放过我们面试过的每个问题，面试完马上复盘，整理成相对完美的答案，放到我们自己的"武器库"里。当我们越攒越多的时候，会发现一个特别神奇的事情，同行业面试官的问题其实都差不多，还有各类用人单位都偏爱哪些问题，HR 面、业务面等不同阶段的面试都喜欢问哪些问题，这些我们都了然于胸，就相当于考前我们把题库都认真地做过一遍，还背了答案，正式考试就不会感到困难。

2. 群面看推演

无领导除了题目本身外，还有一个很重要的因素就是队友，不同的队友可能会有完全不同的打法。经常会有学生和我们抱怨，这次无领导碰到了"圣母皇太后"，全程插不上一句话。过两天自己又成了"圣母皇太后"，怎么带节奏也拉不动队友。所以，对于群面，我们复盘的侧重点在于"怎么和不同性格特点的队友打配合"。就是要跳出题目本身，更看重推演的过程。经过我们一段时间的复盘和积累，我们要找出自己和不同性格的队友"最舒服"的合作方式。面对盛气凌人的队友，我们该怎么缓和压力；面对左右摇摆的队友，我们该怎么指明方向；面对一言不发的队友，我们该怎么力挽狂澜。这些场景在我们脑海里都推演过无数次的时候，我们坐在群面现场，也会稳如泰山，"来吧！请开始你们的表演"。

　　求职是门技术活，也是个体力活，而每次面试完的复盘是技术和体力的完美结合，做好复盘，写好总结，坚持下去，offer 就在拐角处。

第四部分 **04**

│ **技巧与策略** │

经过多年的沉淀，校园招聘已经形成了自己特有的节奏和风格。想要在校招之中胜出，充分准备是基础，技巧和策略则是我们向前冲锋的加速器。我们需要提前谋划，掌握更多能让我们锦上添花的技巧。我们与别人的差别，或者说我们自己的"比较优势"，可能就在于我们能够掌控校招的节奏，在每个关键节点上做对的事，用小技巧来提升我们的战斗力，正是这些能够让我们在充满变数的校招战场中杀出重围。

关键词：策略

秋招已在路上，你谋划好了吗

随着暑期实习拉开序幕，应届毕业生的求职准备也提上了日程，好多应届毕业生纷纷摩拳擦掌，当然我们的咨询量也随之上来了。现在就聊聊作为应届毕业生的你们，该怎么备战即将扑面而来的秋招。

在我看来，做好备战最关键的是要完成三件事，谋划、行动与锤炼。

1. 谋划

了解秋招时间和节奏安排，根据自己的职业发展主线，制订详细的、目标性强、实操性强的求职方案，集中有限的精力取得最大化的求职收益。

2. 行动

根据目标单位和岗位的任职要求，提前做相应的准备，写简历、改简历、补专业、看"面经"等，通过有针对性的学习、不打折扣地落实到位，提前准备好自己的"求职工具包"。在秋招来临前，至少有一份满意的简历，完整的自我介绍，大体刷过一遍通用笔试资料，对结构化面试、无领导小组讨论等熟知一二。

3. 锤炼

通过大量的练习将你学来的"求职秘籍"练到出神入化的境界，不能只是熟知一二，而要做到运用自如。如果能练成用上帝视角去看问题、去分析问题，那么就出师啦。

虽然暑期实习已经吹起集结号，但是离大规模的秋招战场还有一段时间，这段时间我们边在线实习边准备，一步一个脚印，力争把握好每个节点，尽量少走弯路。今天，我们先来谈谈谋划。说起谋划，我们要先弄清两件事——秋招节奏和求职主线。

（1）秋招节奏

以往的秋招节奏有两个明显的特点，"金九银十"和"外快内紧"。"金九银十"主要是用人单位都愿意抢 9 月和 10 月进校，11 月份主要安排笔面试，12 月份以签约为主。12 月份进校招聘量会断崖式下降，秋招的主要求职时间只有三个月左右。"外快内紧"是指京外单位会更快进校（"外快"），这几年无一例外第一批进校的都是京外单位；"内紧"是指校内招聘节奏很快，都希望在校内完成初面。这两个特点就要求我们做好两件事。

第一，抓住 9 月份开始的关键三个月，即使希望不大，也要陪跑。陪跑是为了给春招攒人品，很多单位春招会查漏补缺，怎么补？第一批一般就是秋招陪他们跑到最后的孩子，这就是为什么好多师兄师姐春节哭鼻子，春节回来立马逆风翻盘，走上人生巅峰的原因。幸运都是秋招陪跑的辛苦换来的。

第二，开始别跟风，别总盯着京内的单位，秋招都过了才发现京内单位不适合自己，想再看看京外单位，最后发现适合你的都没机会了。我们有句特别形象的话，最适合你的一定不会按你的心愿排好队向你走来，不能错过后才知道珍惜，所以从一开始就要谋划好，多行业、多地域、多层次地求职。

目前，线上校招如火如荼，我个人认为一定程度上会改变未来校招模式，所以我们要提前做好准备。首先，京外单位可能会更多采用线上宣讲和线上初面，这就意味着京外校招的节奏会更快，留给我们准备和思考的时间会很少，所以一开始对求职地域就要很清晰，可能没机会边走边看了。其次，对于京内单位，线下和线上相结合也将是一种趋势，我们也要做好跑完线下面试，立马视频线上面试的准备，这就需要你们的面试能力要比线下更强大，要经得起嘈杂环境的干扰和外界的一切不确定因素，真的要练到出神入化的境界。

（2）求职主线

什么是目的性强、实操性强的谋划，从地域、行业一层层地剥洋葱，最后求职表的每个志愿下都精确到具体公司的具体岗位，并且对这些公司和岗位以往什么时候开始招聘、笔试考什么内容、面试都什么形式等了如指掌。其实，研究这些并不难，难的是根据自己的求职主线抽丝剥茧的过程。怎么抽丝剥茧呢？以往这个过程需要你们从 9 月份开始，用大量的时间听宣讲会，边听边咨询边寻找。现在不用了，因为整个春招很多用人单位都办空中宣讲，你们只需要把刷剧改成听空中宣讲会，不出一周时间，我相信你们会越来越明朗。当然，建议你们边听边做笔记，把关键点都整理出来，然后找个夜深人静的夜晚，自己一个人对着笔记梳理自己的求职主线，在主线框架下，圈定自己的求职地域、行业以及地域行业下具体的公司，这样你的"备战图"就出来啦！

在这里强烈推荐"国聘行动"，是国务院国资委大型网络招聘活动的重点项目，由国投人力公司与央视频主办，有大量优质企业的空中宣讲会和岗位信息。

去听、去看、去想、去谋划，期待你们的备战图！

秋招已在路上，你们要的备战图

今天，我们接着"谋划"继续聊。上次聊完之后不少孩子说："老师，道理是明白了，但是具体怎么做呢？"按照我的想法，现在的你们应该已经开始刷"国聘行动"的空中宣讲会了，是像看热播剧一样，一集集地刷吗？如果你有足够多的时间，当然可以，但是我不建议这样做。我建议大家根据自己的求职主线观看。可能问题又来了，"老师，第一次求职，我也不知道主线是什么啊"！问这个问题的大部分还是本科的学生。研究生一般还是目标比较清晰的，毕竟他们入学第一天就以求职为目标。"找主线"是在对自己性格、能力、价值观等充分自我探索的基础上，再依托外部就业市场多次实习实践后得到的职业发展路径，是一个长期自我探索和实习实践的复杂过程。你们可能会想："这么复杂，之前从来没想过，现在马上找工作了，该怎么办呢？"当然也有相对简单的方式，方法虽然简单，但还是需要我们在求职过程中一步步寻找并且不断调整。现在该怎么办呢？其实首先想清楚两点，自己图什么和自己的比较优势在哪里。

"图什么"有点类似我们之前画像部分的职业状态和职业条件，不过角度换了一下，是你们自己期待的或者意愿的职业状态和职业条件是什么，然后按照自己认为的重要程度进行排序。比如，有些孩子注重在北京有个稳定的生活，他们自己翻译过来就是北京户口、中后台部门岗位等。

比较优势就是根据自己的专业、校园经历、实习经历等，找到自己与别人相比的优势点，同时对应那些更接纳、看重你的这些优势点的企业和岗位。为什么这么做呢？一方面你们擅长的或做得一般的都基于喜欢，算是一个简单的自我探索；另一方面"自己擅长+企业关注"，算是一个简单的人职匹配。综合来看，是个简单的主线探索的方法。

大体讲完了"图什么"和"比较优势"这两个主线基本衡量点，我们来看看两个师姐的简单备战图。看完我相信你们应该有基本概念了。

1. 硕士师姐 A

图什么：希望在专业内找一份稳定且"有忙有闲"的工作，地域首选北京，其次是生源地；求职意向排序依次为工作稳定、专业对口、职业发展前景、北京户口。

比较优势：专业对口且能力较强（注会多科通过、科研项目及文章均有），实习经历丰富（大平台金融机构实习多次）。

简单备战表：

第一志愿：银行、资管、保险等金融机构，央企集团公司总部；国家公务员及生源省选调生。

第二志愿：各大银行北分，生源省省分；央企集团在京子公司及生源省分公司投融资部门。

第三志愿：有户口指标的其他公司。

2. 本科师姐 B

图什么：在财经领域找一份挑战性强的工作，地域不限；求职意向排序依次为职业发展前景、个人兴趣、薪酬待遇、职业转化空间。

比较优势：辅修财经专业双学位、成绩优秀、学生工作经验丰富，有银行、券商前台实习经验。

简单备战表：

第一志愿：民企财经业务线，四大会计师事务所，各大银行、券商、保险等金融机构北分或省分。

第二志愿：财经业务线的其他公司。

备注：硕士师姐 A 和本科师姐 B 备战表企业调研量分别为 40+和 20+。

看完这两个粗略的备战表，你们可能会有点似曾相识的感觉，它有点像求职表和"求职大盘"，这其实就是我们"求职大盘"前期选股的阶段。你们可能还会说，"老师，你这备战表太粗糙了，有更细致的吗"，不能给你们更细致的，更细致的需要你们自己按照文中讲到的方法，"找主线+刷空中宣讲+梳理定位+详细调研"，自己完善自己的求职备战表。

再唠叨一句，企业和岗位本身没有好坏之分，对你们只有合适与否。侧重点不同，相同的企业甚至会出现在不同的志愿梯队，求职是个性化的事，合适与否只有自己最清楚。所以，求职备战表要自己去做。

找主线、刷宣讲、再梳理，去谋划自己的求职备战表初稿吧！

秋招已在路上，一起来细化备战方案

今天我们来聊"谋划"的最后一个环节——做方案。做完备战图，听完宣讲会，要重点关注哪些企业、哪些岗位，这些企业的业务状况、薪酬待遇、发展路径等，我相信你们应该比较清楚了。下一步我们要做的就是弄清楚这些企业和岗位看重什么、考查什么，我们要针对他们看重的、考查的内容做针对性的备战方案。我们先调研，再做方案。

怎么调研呢？其实和做画像一样，感兴趣的同学们可以去看前面的章节，这里简单地说一下，分两步走。

1. 精读招聘信息

把这个企业近三年的招聘信息都找出来，静下心仔细读，要重点关注哪些呢？

时间：招聘信息发布时间、网申时间、笔面试时间、签约时间，通过整个时间安排，能把握它整体的招聘节奏。

形式：有些用人单位会明确写明笔面试的形式，有些需要我们再深一步挖掘。

人数和地域：简单对比一下近三年招聘人数和地域分布，能分析出企业校招是扩张趋势，还是紧缩趋势，还是相对稳定，为以后研判自己的成功率做依据。

岗位职责和任职条件：这一部分要咬文嚼字地读，因为后面你们要像做连线题一样，把岗位要求的能力素质和自己的比较优势一对一连线，告诉面试官你们和这个岗位是多么匹配，你们是多么地适合它，其实这也是我们后续做简历和面试的基础。

2. 深挖考查内容

动用身边一切可以调用的资源，师兄师姐、亲戚朋友、就业老师、求职分享群、知乎等，去挖掘笔试考什么、面试面什么、有哪些硬杠杠、看重哪些素质、团队做事风格如何等。每个企业不同，考查内容自然不同。在这里，和大家分享一下基本款，升级款就要靠大家自己再深挖了。简历和面试后面专题讲，这里重点说笔试和网测。

一般企业招聘流程是宣讲会—简历筛选（网申为主）—网上测试—笔试—HR 面—业务面—高管面--体检—签约。有的企业笔试和网测只进行一项，内容考查差不多，目前笔试和网测的主要内容为行测+专业素养+性格测试+英语+申论（写作）+开放式分析。

行测：好多同学有认知误区，我不考公务员，不用复习行测，其实并不是，现在行测基本成为各大企业笔试或网测必考内容之一，一定要好好准备。并且一般题量比较大，一定要专项练习，行测练与不练，结果是天地之别。

专业素养：很多也叫综合知识考查，对于我们财经相关专业来讲，主要考查岗位所需的专业知识，比如宏观经济学、微观经济学、货币银行学、金融学、商业银行经营学、基础会计、审计、国际贸易、民法、商法等。有以下推荐的备考资料。

（1）证券从业资格证考试丛书。主要针对资本市场基础知识。

（2）CPA 辅导教材。比如《会计》《财务成本管理》《公司战略与风险管理》等。

（3）货币银行学课程资料。考试重点知识、课件等。

（4）券商最新行研报告。

英语：差不多托业水平，会有金融英语词汇，一定要提前准备一下。

申论（写作）和开放式分析：偏研究类岗位一般考得较多，主要以行研报告或案例分析为主，需要多看一些最新的行研报告和经典的案例分析。

完成了前两步调研，我们就要在调研基础上制订方案了。制订方案其实和你们备战平时期末考试类似，按照备战期末考试的思路做方案即可，也主要分两步走。

第一步，基础题。你备战表里圈定大部分企业和岗位都要考查的内容，比如说行测、专业知识等，再比如纸质简历、网申简历、自我介绍、无领导小组讨论等，这些都是必考内容或必备材料，所以要留出整块时间去准备、去练习。

第二步，附加题。一些企业特有的考查内容，比如案例分析、行研报告等，要结合不同企业的不同观测点，一对一地进行准备。当然，做附加题备战时，一定要提前评估自己的成功概率，如果本身希望就比较渺茫，那么不如把更多的时间留给其他企业和岗位。怎么评估呢？有一个简单并且有效的办法，找一个和自己专业背景、实习情况大体相似的师兄师姐，把自己的备战方案给他/她，让他/她帮你研判一下，根据他/她当年的求职情况，哪些公司肯定没问题，哪些公司需要冲一下，这样把你圈定的企业分成几类，你就知道该如何分配有限的备战时间了。

经过本部分前三节的学习，如何"谋划"你们应该清楚了，开始行动吧！期待你们详细的备战方案！

秋招已在路上，不得不说的小策略

应届毕业生的求职，前面从"谋划、行动、练习"三个层面和大家分享了很多，今天想和大家聊聊应届毕业生在求职过程中的一些小策略。

策略一：提前批次拿 offer，为本科生专注考研争取更多时间。

考研已经成为本科生求职怎么也绕不开的话题，太多的孩子选择考研，其中又有太多的孩子选择"不找工作专职考研"，同学们一届届地口口相传，生生将本科应届毕业生拉成了"秋招绝缘体"，变成了"春招主力军"。秋招大把机会不求职，春招机会少了挤破头，俨然成了本科应届毕业生求职的"怪现象"。做了 6 年一线就业工作，我发现一个特别有意思的事，准备越充分的人考研成功率反而越高。确定上岸之后会有一部分同学来我们这办违约手续，我发现他们签的单位都还挺不错的，我都会问问他们的具体情况，问多了就会发现这些同学都有一个特征，他们很早就拿到了 offer。很多同学和我说，拿到 offer 后准备考研，并不像很多人说的"有了后路就没后劲"了，有没有后劲和是否有工作托底没关系，和自己有多坚定有关系，拿到 offer 后心态会更加平和，注意力也会更加集中。所以，对于决心要考研的孩子，与其破釜沉舟，不如提前准备，先拿 offer 保底。那该怎么做呢？

1. 提前备战

这些同学告诉我，他们很早就开始备战求职，准备简历、笔试、面试等。这其实是比较聪明的策略，为什么呢？相比考研，笔试、面试等求职能力是短期内可以速成的，提前速成一方面提高你的竞争力，更重要的是秋招来了，你可以直接出手，不用一边准备考研，一边练笔试、面试，还要一边找工作，这能为你 9 月和 10 月节省大把时间。因为疫情，在线求职教育迎来了"风口"，我们提升自己的求职能力变得越来越简单，这样我们能为考研争取更多的时间。

2. 有的放矢

和所有求职的孩子一样搞海投战术吗？不是！我们的目标要非常明确，我们主要瞄准三类单位，能迅速拿到 offer 的、拿到 offer 后不需要岗前实习的、入职相对较晚的（会给你一段时间去考证）。这么一说，估计你们脑海里就会冒出一批单位名字。那么，问题来了，为什么会是这三类单位呢？其实还是为了给自己争取时间。对于应届毕业生来讲，很多单位都采用线上暑期实习的方式，其实这也给你们争取了很多的时间，毕竟线上实习时间成本低，你能挤出更多时间学习。如果能通过线上暑期实习，拿到留用 offer，你的秋招就可以完全专心准备考研了。

你可能会问："老师，考上研之后和单位解释会不会很麻烦？"以上三类单位对本科生考研包容度还是很高的，其中有些单位会主动给孩子们延长 offer，等他们研究生读完都可以入职。

策略二：先吃饱再吃好，先充分就业再高质量就业。

这主要是针对研究生求职，研究生求职一般都会面临"选择题"，都会在多家单位之间徘徊。徘徊的原因很简单，就是不甘心，想找到自己认为更好的，最常听到的一句话就是"再找找、再找找"。但是，大多数孩子找着找着就眼花了，总想踮脚够更高的，高的没够着，反而适合自己的被自己拒了。每次给孩子们讲"就业形势分析"的时候，我都会说"用人单位不会按照你的意愿 1234 排好队"。我属于比较稳健的性格，我个人更倾向于大家"先拿合适，再找更好"。

认真举例子：之前，有个同学咨询我暑期实习的事，他拿到 2 个offer，A 公司有留任机会，B 公司肯定没有，他知道在 A 公司拿到 offer可能性很大，但是他特别想去 B 公司历练一下。我问他："A 公司给了offer 你会去吗？"他说："会去。"我和他说："如果拿到 A 公司的 offer，你是不是还有机会去 B 公司占坑实习，去争取任何一点留下来的机会呢？"他说："老师，我懂了！"其实，这么看来，我们的策略和第一条本质相同，都是给自己争取更多的时间，去拿下我们需要踮脚才能够得到的机会。

当然，策略是策略，用人单位和毕业生之间双向选择，对于选择的机会大家都能理解，过程中我们一定要诚实守信，要及时和用人单位沟通，给双方都留出足够多的调整时间。

记得有位师兄谈到团队的时候，有句话说得特别好，"德才兼备，德字在前"。

秋招已在路上，对的时间做对的事

最近接到一些同学们的咨询，对秋招有点小迷茫，"第一次求职不知道校招都是啥套路，大体的节奏又是如何？每个时间点我们都该做什么呢"。今天我们来仔细聊聊以往校招的节奏是怎样的，每个时间点我们都应该做哪些事情。

概括起来，校招整体有四个关键词：提前批次、金九银十、秋热春凉、秋种春收。

提前批次：就是暑期实习，现在大部分单位都将秋招前置到暑期，通过暑期实习争取留用机会已经成为我们求职的重要一环，错过暑期实习真的会错过大把机会，不过现在还不算太晚，该找的还是得找。

金九银十：9月、10月是校招的黄金阶段，会集聚一批高质量的用人单位，一天七八场宣讲会是"家常便饭"，越往后单位数量、质量都会不断下降。每年做就业形势分析的时候，我都会展示这张最经典的图（图8）。这张图就是校招进校单位数量趋势变化图，基本年年如此。

秋热春凉：从进校单位数量趋势变化图中（见图8），我们就能很明显地看出来，秋招是绝对的主力，大部分校招资源主要集中在秋招这三个月。相比秋招，春招要冷清很多，并且春招面向的群体也很明确，用人单位主要瞄准本科生和想要再调整的研究生，当然本科生是绝对的

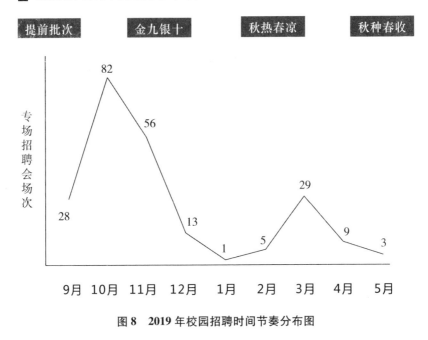

■ 校园招聘时间进度与节奏

图 8　2019 年校园招聘时间节奏分布图

"主角"。春招单位呢，主要有这么几类，国考、京考的后续环节，部分省市区的公务员招录（我们俗称的省考）；高校等部分事业单位招录；部分企业的补录。这里要特别提一下，很多春招补录的企业不会再像秋招一样铺天盖地地宣传，一般都是缺什么补什么。缺什么在部分高校定向找？比如缺经济金融类毕业生，用人单位可能会定向去人大、中财、外经贸等财经类高校直接找。总体来看，春招不管从质量、数量上热度都远不及秋招。

秋种春收：我们的求职往往从秋招开始，秋招是"播种"的季节，需要大量地刷网申、笔试、面试，会有一部分同学比较早地拿到 offer，大批 offer 会在寒假前后发放。我们一般都是秋招"播种"，春招"收获"。我常常和来咨询的同学们说，秋招拿不到 offer，千万不要心急，有的时候"陪跑"比结果更重要，当你陪跑到最后一轮，即使你秋招没拿到 offer，春招照样有机会。因为 offer 是一个动态调整的过程，当前面有人放弃的时候，想想 HR 会去找哪些人？一定会去找那些陪他们跑到最后的孩子，原因很简单，节省人力财力不需要再组织笔试、面试。所以，秋招不努力，春招徒伤悲，陪跑不要紧，春招有机会。

知道了这四个关键词，我们一起按照时间顺序把整个校招的节奏来顺一下。

5 月—6 月，求职准备，制定方案，练笔面试，申请实习。

7 月—8 月，暑期实习，在线听宣讲，找准目标，练笔面试。

9 月—10 月，听宣讲、投简历、刷网申。

10 月—11 月，网测、笔试、初面。

11 月—12 月，部门面、BOSS 面（终面）、体检。

12 月—1 月，签约，实习。

2 月—3 月，调整、补录、定向找。

3 月—4 月，查漏补缺，再找找。

5 月，实习实践，下一年。

从往年的趋势来看，大批国企和知名民企都会集中在 9 月和 10 月入校，银行会相对早一些。可以说秋招的前半段（11 月之前）主要以企业为主；进入 10 月，各省市区定向部分高校招录的选调生计划以及一些涉密单位的专项招录计划都会陆续进校，再往后是国考、京考笔试环节。很多同学有点小误区，总以为公务员和事业单位一般都在春招，其实不少已经提前了，尤其是不需要"千军万马过独木桥"的专项招录计划都提前到了秋招的中后段，并且进程会很快，和企业一样在寒假前后就能有相对明朗的结果，我觉得这也是各省市区为了"抢人"做的积极调整。不同于秋招，春招以调整为主，有点群雄逐鹿的感觉，企业补录时间分化相对不明显，主要集中在 3 月和 4 月。2 月开始，国考和京考进入面试环节，紧接着是阅档、考查等，再往后，各省市区非专项招录的省考逐步拉开序幕，其间，高校等事业单位也都陆续开始招聘。

这基本上就是校招的时间线，一环套一环，错过了前面，后面补起来就比较麻烦。比如，你之前只盯着企业，错过了定向选调生专项招录，等你再想去关注选调生的时候，只能春招去挤省考的独木桥了。再比如，你错过国考或京考的笔试，找了一圈企业觉得还是高校工作比较适合自己，春招再想投高校，发现很多高校都需要国考或京考的笔试成绩，笔试成绩过线之后才有资格报名。所以，我们要提前了解校招节奏，一定在对的时间点做对的事情。一旦错过，机会大概率就和你擦肩而过了。

找工作行动上一定不能"佛系"，要提前研究好，把握好每一步的进度，你可能会说，"老师，没关系我记性好，到时候再说"。但是当招聘信息铺天盖地迎面而来的时候，如果提前没有准备和方向，很容易挑花了眼，迷失自我，等再清醒的时候，发现机会都没了，还把自己搞得筋疲力尽。

所以，面对即将到来的校招，我们要把握好节奏，心中有底气，对的时间做对的事情。

秋招已在路上，几个变化要提前应对

受疫情影响，2020 届毕业生的春招我们在云端相见，这也让以前一直不温不火的视频面试一下子成了校招主力军。经过将近半年的锤炼，线上视频面试从模式到技术上都快速迭代、升级、发展，现在已经相当成熟了。多了一条线上视频面试的方式，未来的校招会有哪些变化呢？作为应届毕业生，该如何应对呢？今天聊聊我的一些看法。

对于未来的校招我个人认为一定是"线上+线下"相结合的模式，线上模式主要有哪些呢？线上宣讲+初面，空中宣讲会目前是最成熟的云校招产品，并且一般规模较大的企业都有自己的空中宣讲会平台，我觉得未来企业会从以往的"线下跑高校"，变成"线上统一宣讲"+"跑部分重点高校"。为什么呢？线下宣讲会存在上座率的问题，这让很多 HR 和高校老师都非常头疼，费时费力做了一场线下宣讲会结果就寥寥数人参加，大家可以想象现场工作人员比来听宣讲的毕业生人数还多的场面是多么尴尬。所以，我个人认为空中宣讲会将备受青睐。同时，根据以往用人单位入校的情况来看，用人单位更希望在校内能完成简单的初筛（初面），方便后面直接组织下一轮面试，这也是为什么绝大部分用人单位进校宣讲会都在校内组织初面的原因。因此，HR 初面也会较多地采用线上模式，组织简单、效率更高。

线下模式呢？我个人认为一般群面（无领导小组等）、业务面（部门面）、BOSS 面（高管面）会更多地采用线下模式。这么看来，"线上+线下"的校招模式，主要是将以往在校内的阶段"线上化"了，需要邀约到用人单位的面试基本还是以线下为主。

"线上+线下"只不过是模式有些变化，对于我们这些即将求职的毕业生，会带来哪些变化呢？

1. 节奏更快

线上校招省去了路上的时间成本，节奏会更加紧凑。尤其是对于京外的用人单位，有了视频面试，前期宣讲和初面不再需要跑高校，会节省更多时间，这样校招节奏会比以往更快。很多同学习惯性地先看京内单位，京内单位找了一圈再看京外单位。往年时间差距上还不明显，我们可以极限操作一把。但是当前来看，我们就要提前做好谋划，很有可能等你找了一圈京内单位，发现自己找不到合适的，转身再往京外单位看的时候，京外比较优质的单位校招都快结束了。校招节奏加快，就意味着留给我们犹豫、思考、再选择的时间会很少，我们需要提前做足功课，做好规划。京内和京外如何选择？京外想去哪些城市，去哪些单位？你对薪酬、户口、发展的期待是什么？只有这些都想清楚了，才能迅速地做出抉择，以免错过机会。

2. 自我成就

我们之前聊过，未来校招各个环节中最有可能被"线上化"的就是在校园里的环节，这就意味着未来进校招聘的单位数量有可能会减少，以往秋招一天七八场宣讲会，笔试、面试各种赶场，而未来可能会冷清很多，大家热火朝天一起求职的"仪式感"会减弱，以前还能被求职氛围推着往前走，以后可能更多的要靠自己，只有自己努力，才能自我成就。2020 届春招时候，我能比较深刻地感受到，隔着屏幕我们很容易自我放松，找着找着就动力不足了。我们该怎么做呢？我们需要科学地整理好自己的求职计划，要提前把想投的、要投的，按照心中的意愿和自己的实际情况，分成几个梯队，像"打怪升级"完成任务一样，一步一步往前走，这样既不会动力不足，也不会自乱阵脚。我之前讲过"求职表"，大家有时间可以看看以前的内容。

3. 强者优先

线上校招更注重效率优先，一般都是先筛简历再面试，简历写不好，很有可能初面机会都没有。而以往在线下至少可以通过排队，能够为自己争取到更多初面的机会，面试多了不仅机会更多，自己的面试能力也会更强。而线上模式的面试机会更多会倾向于"强者"。对于求职能力相对较弱的孩子，简历关过不了，就会"一面难求"。想"多跑多面"，都无处发力。所以，要想在"线上+线下"这种新校招模式中杀出来，只能不断提高自己的求职核心竞争力，让自己变成"强者"。简历要改好，笔试、面试要练好，只有充分准备，才能为自己创造更多的机会。不能再用以往师兄师姐的求职标准来衡量现在的我们，他们可能聊聊就给 offer 了，而我们未来要面对两个问题。第一，我们要在线上争取到聊天的机会；第二，你的竞争对手都准备充分，来者不善。咱们随便聊聊，真的能打动面试官吗？如果你是面试官的话，你会选择准备充分的，还是选择随便聊聊的？因此，我们需要用更高的标准、更加努力的行动去准备求职。

不管我们接受与否，校招变革已经来了，我们需要直面变化，积极准备，勇往直前，乘风破浪。

线下秋招新变化，定好策略充分应对

从 2021 届毕业生校招开始，和我们之前预想的基本一致，线上和线下相结合成了当之无愧的主渠道，很多大国企、央企基本都在 9 月中旬左右开启了自己的线上招聘，目前看，全国统一的空中宣讲居多。找到我们的，我都会仔细打探清楚，和事先预想的一样：不少头部央企或国企选择暂时先不入校招聘，入校的话也选择为数不多的目标院校，不再像以前那样开展大规模的线下宣讲。再看看北京高校圈各兄弟院校的情况，大家基本上都在 9 月中旬重启线下校招，并且暂时都仅对自己本校毕业生开放。这些变化对未来的应届毕业生求职会带来哪些变化，我们该怎么有效应对？我们一起来聊聊。

1. 用好校内线下，实时备战线上

我们之前聊过，线上招聘对我们最大的影响就是给我们"练手"的机会少了。线上招聘一般都是先筛简历再面试，大量的面试资源都会集中在少数精英群体手中，供我们"练手"逐步成长的机会少很多。相比而言线下招聘最大的好处就是只要我们足够努力，即使通过排长队，一定可以争取到和 HR 面对面交流的机会。而正是这些我们跑出来的面试机会，让我们慢慢地从"小白"成长为"面霸"。我经常和求职的同学们说："你会成为很多单位的过客，很多单位也会成为你的过客，关键是你通过这些过客，使自己真正准备好，在你最想去的单位面前，不再成为过客。"所以，在很多大国企、央企选择暂不进校的阶段，我们要做的就是抓好校内珍贵的线下资源，通过"努力跑"为自己争取更多的线下面试机会，把自己锤炼好。同时跟好各大用人单位的线上节奏，实时备战线上，做好简历投递、网申、网测等，线上程序一走完，我们也锤炼好了、准备好了，直接雄赳赳气昂昂地去参加校外线下面试。

2. 夯实校内线下，决战单位线下

北京高校线下招聘都仅限本校学生，这会给我们求职带来哪些变化呢？用个简单的例子来形容，校招资源就好比一个大蛋糕，以前用人单位只需要到其中一个高校，全北京的高校毕业生都能品尝到这个大蛋糕，而现在因为疫情，这个蛋糕被划分成很多块，我们只能吃自己的蛋糕，没机会吃别人的蛋糕了。而每个高校都有自己的优势资源和目标企业，虽然我们已经拼命地去拉资源，但是也很难打破现有的"蛋糕"格局，这就意味着同学们想要跨领域、跨学校求职的难度会变得更大。比如，我们想去的中国移动、中国联通等单位，不一定会来我们学校；大概率会去的北邮，以往我们可以现场去，现在只能在线上了。那这种状态下我们该怎么应对呢？

（1）抓牢校内资源

用人单位不再大规模进校了，那么用人单位选择进校招聘的高校一定是其最核心的目标高校，这意味着什么？这意味着进校招聘的用人单位是非常喜欢我们的，非常想要我们的，要不也不会大老远专门为我们而来。所以，我们一定要夯实好校内的招聘资源。为什么用夯实两个字呢？其实，这也是我们求职的策略，之前和大家聊过，校内资源是基础，基础不牢地动山摇。我们打好基础之后，有了"保底"的，有了

"底牌"，再去根据自身的求职期望去外面看一看、找一找、踮脚够一够。

（2）盯紧校外资源

虽然线下进不去了，但是线上的渠道还是通的，这就需要我们比以往更加努力，把"跑招聘会的累"转变成"盯招聘会的累"。不仅要盯着其他高校的公众号和就业中心网站，更要时刻盯着目标企业的官网和招聘的公众号。一般我们都会给目标企业建专门的校招微信群，人虽然进不去其他高校，但是微信群还是有希望的，要学会用微信群寻找资源。往年来看，10月中旬各大用人单位的进校和线上网申阶段基本结束，一般都会陆续在单位层面统一组织线下面试环节，这个时候就迎来了决战的时刻。所以，如果你最想去的目标企业不入校或不来自己的学校，一定盯紧它，备战线上，跟好节奏，耐心等待单位层面的线下决战。求职就是这样，需要我们有敏锐的嗅觉，跟着就业市场的走势，随时调整策略和求职期望，跟紧节奏，不掉队，offer就在不远处。

秋招网申接近尾声，哪些策略要调整

国庆节之后各大用人单位的网申就要陆续截止了，见证前段时间辛苦"海投"成果的时刻就要到了，这个时候，一定是几家欢喜，几家愁。欢喜的不多说了，跟好节奏往下走就好；忧愁的同学们不要过度焦虑，求职不是百米冲刺，它更像是一场马拉松，需要我们在每个不同的赛段随时调整策略，网申之后这个赛段尤为重要，它是我们从相对盲目到逐渐清晰的关键过渡期。所以，先放下忧愁，更多地去关注忧愁背后的策略调整，才是我们未来成功的关键。我常和在这个阶段向我们诉苦的同学们说："刚开始辛苦点好，能逼着自己去研究策略，钻研方法，offer 收割机一般都是大器晚成。"那么，这个阶段又有哪些策略要调整呢？我们一起来聊聊。

首先我们要先了解网申的内部逻辑。现在的网申都比较智能，人工参与度越来越少，设置好筛选的关键字段和条件，几万封简历分分钟就出来了。更厉害的还有人工智能，依托大数据直接出结果。如果网申不过的话，能说明什么呢？我们要知道用人单位网申系统中设置的门槛，一般都是比较基础的，除去我们网申本身有大错误的情况，大概率说明我们在基本条件上被卡了。比如说本科高校、培养方式等，我常常和本科高校底子相对薄的同学们说，要好好关注网申，如果网申关过了，说明用人单位还是认可你的本科高校的，后面的环节大家都是一条起跑线了。正因为网申带有"入门槛"的属性，它对于我们来说有"风向标"的作用，如果我们被某一领域的用人单位全部拒了，那就说明我们真的不适合，该放弃就主动放弃，把更多的精力和时间分配给适合我们的用人单位。所以，与其忧愁，不如用好这个"风向标"，要怎么用呢？

1. 从"加法"到"减法"

我相信前段时间的你们，一定是看到差不多的招聘信息，想也不想先投了再说，不停地给自己做加法。网申结果陆续出来了，风向标有了，我们首先要把前段时间海投的单位仔细捋一捋，并运用前面的逻辑分析一下。我们要给"我们挂的"和"我们过的"单位都分门别类。分类的时候弄清几个关键问题，这些单位有哪些相同点，是行业、地域、单位性质？都分布在哪个层级，是总部、集团，还是二级单位。理清这些之后，你就能清晰地发现，自己更容易被哪些类别的单位所认可，是银行、券商，还是咨询公司；是国企、外资，还是民企；是总部，还是子公司。接下来就是做减法。同一类别都拒了我们的单位就减掉，如果实在不甘心，可以寻找双选会线下面试的机会，和 HR 当面聊聊，再去确认一下。减掉这些之后，你会发现自己的方向清晰很多，未来该怎么投，往哪个层级投，心里也基本有数了。

2. 从"海投"到"专注"

减法做完，目标相对清晰后，我们需要做的就是全身心的专注，把主要精力都放在有希望的单位类别和层级上，盯紧我们目标范围内的单位，准备好后续的笔试、面试等。如果觉得不够，想再投投，也建议在目标范围内做加法，比如，大国企二级公司投融资或者财务岗位网申很顺利的，可以在这个类别上再多投几家，给自己争取更多后续面试的机会。没必要再去耗费大把的时间，去大规模海投，把九月份的辛苦再重复来一遍。为什么呢？因为网申完之后的节奏会很快，笔试、面试的量会非常大，不如把更多的精力和时间用到后续的面试阶段，提高成功率，先拿到 offer 再说。如果说还是不太甘心，想多尝试，那么一定做好时间分配，以成功率高的面试为主，同时有选择地进行网申，这个阶段再费时费力进行大规模网申确实不太建议。

网申之后是我们拨云见雾看清求职方向的关键阶段，我们一定要用好这个"风向标"，及时调整自己的求职策略，把时间和精力使在刀刃上。

求职进入攻坚期，哪些策略该调整

之前和大家聊过，求职是一场马拉松，每个赛段都需要有不同的策略，而进入 12 月，秋招基本已接近尾声，这一赛段我们该做哪些调整呢？

要调整策略，首先需要知道我们主要面临的问题是什么。在秋招的尾巴上，我们都经历过数不清的笔试、面试，即使自己不想但也被磨成了"面霸"，在求职技巧上，其实没有过多告知的了，只要大家用心，现在基本上已经找到了比较适合自己的求职"套路"。从校招节奏上来看，也已经有不少用人单位陆续发 offer 了，我们若继续在求职技巧上"大做文章"，意义并不大。相比而言，这一阶段更多的是求职心态和求职期望的调整。会有不少孩子因为"颗粒无收"在这个阶段心态崩掉，这个阶段最难"熬"。因此，我个人一直把这个阶段叫求职攻坚期，爬上去就一览众山小，跌下去就百转千回。该怎么办呢？

1. 稳住，别慌

之前跑笔试、面试的时候，虽然每天都很疲惫，但并不像现在这样难熬。因为大家基本都是一条起跑线，都在投、都在等，而现在我们身边不少同学已经拿到 offer，而自己仍在焦急地等待，这种对比和落差，无时无刻地影响着我们的求职心态。不少同学因为急于摆脱这种状态，开始变得急躁和焦虑，想尽办法一定要尽快先拿到一个 offer，又开始"四处乱撞"地海投，什么策略和方法都抛到脑后了。从这么多年给同学们做咨询的经验来看，越是乱的时候，我们越是要稳住，不能慌。我们需要学会屏蔽外界的纷扰，走好自己的路。求职是件个性化极强的事，别人拿到 offer，并不代表他比你强多少，更不代表着我们就要成为失业青年了。我们要知道就业市场一直在动态调整，用人单位发 offer 也一定会做好不同批次和候补，你走我补，是在不停地调整，即使手握多个 offer 的大神，最终还是只能选择一个，剩下的还是要都还给就业市场。所以，关键是调整好心态，只要我们求职定位和方向没错，就要咬牙坚持走下去，12 月份的第一次 offer 调整期没有轮到我们，春招的第二次 offer 调整期还会有机会。不能破罐破摔，直接放弃抵抗；也不能为了拿个求安慰的 offer 而自乱阵脚，还是要走好自己的路，并且坚定地走下去。

2. 调整，别怕

"老师，刚才还让我们坚定信心呢！怎么马上就让我们调整求职期望了呢？"因为稳定心态的前提是合理，只要方向没错，坚持下去，必有回响。但是，从往年的情况来看，不少同学求职初期都是被推着往前走，疲于应付而没有仔细思考，一转眼已到秋招末期，面试经历了不少，但是还在徘徊，没有找准自己的求职定位，那么这个阶段我们必须要找准定位，随时进行调整。怎么调整呢？这是老生常谈的问题了，之前已经聊过很多回了。根据我们求职中走到的具体环节，比如，是走到了业务面，还是直接就挂在网申上了，把我们投过的、面过的用人单位进行有效分类，环节越往后越稳妥，一般可以分为三类：难度比较大的，有点难度的，比较稳妥的。这么一分析，我们大体在什么位置上，哪些单位难度比较大，哪些单位比较青睐我们，就相当清楚了。接下来我们要调整好自己的时间和精力，把更多的力量放在我们"比较优势"相对突出的用人单位上，其实就是我们三类单位中的"有点难度"和"比较稳妥的"。难度比较大的呢？这个阶段还是建议先稳住 offer，不要死磕，春招第二次调整期再去看看能不能抓住补录的机会。这样，我们在攻坚期不停地调整，不停地修正，会让我们的力量都有效集中到刀刃上。

　　每个人的攻坚期都不同，或长或短，但却都很难熬，我们需要做的，就是要不停地调整期望和调整心态，咬牙坚持，一定会柳暗花明。始终记住到最后，拼的就是心态。稳住！调整！别慌！

本科求职的几个"黄金期"，
早谋划、早准备、早行动

进入 12 月，考研在即，本科的同学们准备了这么久终将赢来这一人生大考。一切尘埃落定之后，不少孩子可能会想，"辛苦了这么久，终于可以放飞自我了，寒假我要好好休息"。我特别能理解同学们的心情，但现在确实还没到彻底放松的时候，我们还有任务没有完成，未来的寒假是我们求职的"黄金期"，我们需要马不停蹄地从考研转战求职。把握好这关键的几个月，这样不管是未来的考研复试，还是直接求职，我们的路都会越走越宽。

问题可能又来了："老师，为了考研，求职我完全放弃了，我简历都没做，都这个时候，还有机会？要是考不上研，要不我明年再战吧？"不少本科的同学或多或少都被这个问题困扰过，根本原因在于大家对于求职的思想包袱太重，求职其实并没有我们想象的那么"可怕"，而且策略正确的话，求职和考研也并不冲突。结合往年的情况，在我看来本科生求职有三个关键阶段。第一个阶段是暑假+秋招初期，一般在 10 月份以前，这是求职的第一个黄金期。这个阶段机会比较多，不少同学在这个阶段拿到了 offer，然后就可以没有后顾之忧地专心投入考研了。第二个阶段是 11 月份和 12 月份，秋招收尾期，也是考研的冲刺期。这个阶段以考研为重，会有一部分单位启动较晚，我们需要做的是做好关注，跟好节奏，该投的投。第三个阶段是寒假＋考研后的春招，这是求职的第二个黄金期，这个阶段的重心我们要完全放在求职上，要早规划、早准备、早行动，多投简历、多笔试、多面试，早日拿到 offer，为后面的复试争取更多时间。

"老师，我已经错过了第一个求职黄金期，现在发力到底晚不晚呢？"不晚！还是有不少机会的。对于本科生求职，春招是主战场。这一点大部分用人单位都非常清楚，所以对于真心想要本科毕业生的用人单位，他们一定不会错过春招。因此，第二个求职黄金期，我们不能再错过了，错过真要等一年了。该怎么办呢？具体做法其实和暑假期间大体相同，只是具体要求反而比暑期更高。

这个寒假我们需要做好这样几件事：

1. 找有机会留任的寒假实习

不少用人单位延用暑期实习的模式，用寒假实习为春招预热，岗位量不是很多的用人单位一般会直接选择实习生留任，不再进行春招了，可以说寒假实习就是在为我们自己争取优先权。同时本科孩子实习经历一般都比较单薄，这段实习也算是接下来春招时的一个重要"砝码"。但是，一定不要为了实习而实习，我们这次实习就是为了留任而实习。一定要找春招有岗位需求的用人单位去实习，实习之前建议开门见山地和 HR 沟通清楚，是不是有留任的可能性，这个阶段真的不能再浪费时间了。建议大家把目标单位近几年的校招公告仔细读读，看看以往春招的规模和岗位分布情况，为自己选择实习单位找准方向。

2. 苦练求职基本功

简历、单面、群面等求职基本功，以及行测和申论（各省市区公务员和事业单位招考是春招主战场之一）。这个寒假要抓紧时间苦练，春招很短，不会像秋招一样有大把的机会供我们"练手"。我们需要做好充足的准备，攻城略地一样，步步为营，来一个拿下一个。如果再因为基本功不扎实而浪费机会，那就非常被动了。线上有很多"面经"和课程资源，先学、再练，没有什么捷径可言，最关键是要去行动、去练习。

3. 迅速找准求职定位

春招时间短，岗位量相对秋招少，不会像秋招一样给我们足够长的时间来"纠结"，有可能错过一个，就错过了全部。所以，我们不要寄希望于"边投边看边调整"，留给我们调整求职期望的时间和机会并不多，还是要务实一些，期望别定太高，想清楚自己最基本的求职需求，多和师长、师兄师姐聊聊，让他们帮忙看看自己求职表选中的目标单位是不是合理，做到各个层次都有涉及，同时重点突出。

本科的孩子们，第二个求职黄金期已经在路上了，考研即将结束，我们需要转变观念，踏入新的征途，这次不能再错过，要不真的要再等一年。"明年复明年，明年何其多。"加油吧！考研之后咱们早谋划、早准备、早行动！

迎面而来的春招，掌握节奏冲冲冲

进入 1 月，不少企业已经陆续拉开了"春招大战"的序幕。而本科的同学们刚从考研中"解脱"，还没缓过神来，春招就迎面而来了。这样看来，未来校招的整体节奏会越来越提前，基本上就是"秋招始于夏，春招始于冬"的节奏了。既然提前了，我觉得还是有必要再唠叨一下春招，这次我们系统梳理一下春招的节奏和特点。

春招的特点可以用两个关键词来形容，就是"稍纵即逝"和"快马加鞭"。一般来讲，春招主要是对秋招的查漏补缺，在岗位的数量上不会有太大的突破，"窗口期"会比较短。秋招动不动就给一个月网申的时间，而在春招这是不存在的，部分用人单位一周时间就截止了，机会对我们来讲是"稍纵即逝"的，一个不小心就错过了所有。从时间节奏来看，每年春节时间不同，窗口期也不太一样，往年来看春招高峰期在 3 月，从 1 月到 4 月，岗位相对分散，陆陆续续也都有。从招聘节奏来看，春招会比秋招节奏快很多，岗位少、时间紧，用人单位更倾向于"快马加鞭"火速走完全过程。秋招中途会让你等上几天，到了春招恨不得所有环节一天搞定，给了 offer 马上体检、签约、顶岗实习。知道了这两个特点，那么面对春招我们该怎么应对呢？

1. 抓住机会最重要

秋招用人单位会大规模进校，春招岗位量小，不少用人单位动静很小，自己的招聘平台发一下，第三方平台发一下，再找找目标高校的老师们转一下，可能宣传就结束了。这些机会都是稍纵即逝的，即使再适合我们，我们再有竞争力，错过了就真的错过了。所以，春招一定要培养一个意识，千万不要像秋招一样，等着单位来，尤其是本科的同学们，春招咱们等不起，我们要去主动找。自己的目标单位每两天都要刷一下，看招聘通知出来没有，很有可能你几天没刷它，再次刷到时网申都结束了；老师们在微信群里转的各类招聘信息，不要犹豫，适合自己的要赶紧投，很有可能投完就会立刻面试，如果投晚了，岗位就会被别人捷足先登；之前的分享和大家总结过校招的主要渠道，春招的渠道也是一样的，只不过速度加快了，我们要紧盯着那些渠道。要记得春招拼的就是"手速"，而这时候大批的同学容易后知后觉，因为"坐等"而错失机会。要想决胜春招，关键要不等不靠，主动抓机会。

2. 提早准备很奏效

春招节奏快，对我们的要求就会更高，它不会像秋招一样给我们足够多的时间去做求职准备和求职选择。在秋招，笔试过了以后还有 2 到 3 天的时间给我们准备面试，而春招随时随地都可能召唤我们去面试。在秋招，我们有试错的成本和选择的权利，我们有时间去思考和选择，错过了一家，同类别的单位还有不少，而春招用人单位都很着急，面试撞在一起的概率也大，我们需要提前做好求职定位，没有那么多的机会留给我们试错。应对快节奏最好的办法就是提早准备，只有准备充分，才能迅速决策，随时"应战"。

现阶段对本科的同学来讲，大部分没有经历过秋招，特别需要提早准备。套路还是老套路，看国聘行动的空中宣讲会，了解行业和企业，做好自己的求职定位，找准目标单位，剩下的就是简历、笔试、面试等，充分利用好线上的各种资源，真学真做真练，每天投入 3 个小时，持续一段时间一定有质变。对求职的研究生来讲，经历过秋招的历练，基本上都是"面霸"了，求职准备上要继续做好复盘，不断积累提高就可以了，春招最关键的是求职期望的调整和机会的把握。这个阶段还是要合理调整自己的求职期望，先分析一下秋招的情况，看清自己的"比较优势"都在哪个层级，找准了层级，就在这个层级深耕细作，争取早日拿到 offer。然后就是把握好每一个机会，对研究生来说，春招是查漏补缺再调整的契机，手握十几个 offer 的大神，这个阶段也只能选择一个，剩下的还会回归就业市场，这样更多的机会就来了，我们能做的就是拓宽渠道，充分准备，碰到了就想办法抓牢。

我们只有摸透春招的脾气，了解它的节奏和特点，才能更好驾驭它，为自己创造更多的机会。其实这些内容都是挂在嘴边磨破嘴皮子总唠叨的，最关键的还是看我们自己，要真的去做、去练、去思考。

春招策略："淘金潮"已来，一起吹起冲锋号

进入 4 月，用人单位不断打来电话，联系我们要补录，但是补录量不大。经过这些年工作的积累，我感觉到春招"淘金潮"要来了！

春招"淘金潮"其实是我个人自创的定义。简单来说，就是每年在春招的尾巴上，也就是校招马上结束的时候，用人单位的最后签约期限基本都到了，手拿多个 offer 的毕业生会做出最终选择，就业市场会在短期内再一次进行成规模的小范围动态调整，会有一部分优质岗位再一次释放出来，但是总量和范围都不会太大。

这些岗位有哪些特点呢？有三个关键词：量小、优质、稍纵即逝。

1. 量小

因为是调整出来的岗位，总量不会太大，大部分都是个位数。很多用人单位都是 1~2 个。

2. 优质

这是从手拿多个 offer 毕业生中调整出来的机会，薪酬待遇、发展路径等都还不错，部分在京单位甚至还会有户口指标，很多同学都是在这个阶段拿到的户口指标。比如说，之前我提到过的，我们助理团的传奇人物——本科毕业——春招入职大央企拿到户口指标的靠谱男青年，就是抓住这个阶段的机会，最后成功上岸的。

3. 稍纵即逝

校招进入收尾阶段，对于再调整出来的岗位，用人单位当然希望能够速战速决，早点敲定，以便安排后续的实习、入职、培训等，所以在流程环节上不会太多，会更直接、高效，面试完、谈妥、boss 拍板，基本就要签约了，留给我们准备面试和思考签约的时间不多。

面对春招"淘金潮"，我们该怎么做呢？

1. 放眼校内

因为岗位量小，大规模的招聘费时费力并且效果不好，一般用人单位都会根据岗位要求，定向找目标高校、目标专业。所以，当你看到就业中心网站上有大平台的优质岗位出现，或者学院就业老师转在微信群里简短的招聘信息，恭喜大家！咱们的机会来了。如果你非常感兴趣，一定要果断投，并且多和学院就业老师或者就业中心的老师沟通。

2. 快速响应

机会稍纵即逝，所以留给我们的时间不多，拿到招聘信息后，要马上行动，改简历、投简历、做调研、做画像、做面试需要的各类准备，很有可能你上午投了简历，下午就通知你面试了。如果你足够快，准备得足够充分，当面试通知到来的时候，你不会被突如其来的面试打乱阵脚，会非常自信，一切尽在你的掌控之中。

3. 开门见山

到了校招末期，留给你和用人单位的时间都不多了，如果用人单位很直接，和你开门见山地谈，那么你也可以将自己的想法表达得更直接一些，包括自己比较关心的一些问题，都可以更直接一点地提问。这个阶段，效率才是王道。

春招"淘金期"不会太长，机会稍纵即逝，需要我们睁大眼睛，更加努力，并且随时做好准备。

如果你还没拿到 offer，时机已到，吹起冲锋号吧！

春招策略：offer 来了一声吼，该出手时就出手

近期接到很多学生的咨询，问题相对单一，大部分都是 offer 选择问题。有几个现象让我印象非常深刻，在这里想和大家聊聊我自己的一些看法，供你们参考。

认真讲现象：

老师，我手里有 offer，但不是很满意，我不太想签，我想再等等，看能不能等到下一届的秋招，再找找自己满意的 offer。

老师，我手里有 offer，但是我在等公务员的面试，今年面试比较靠后，offer 急着要答复，我想拒了之前的，如果公务员面不过，我跟着下一届再重新找。

认真讲道理：

在求职过程中我特别喜欢一句话：做最好的准备，尽最大的努力，做最适时的调整。根据求职现状适时调整求职期望，是求职策略，也是求职智慧。说通俗一点，我们一定要懂"撞了南墙要回头"。进入 6 月，春招在慢慢收尾，机会越来越少，现在放弃现有的 offer，再去"撞个头破血流"，不是明智的选择。我特别能理解你们再等等的心情，我当时求职的时候也一样。但是，同学们，我们要先想清楚以下几件事。

第一，和下一届一起求职，你的"比较优势"还在吗？你挑的企

业或者岗位，我想一定是大家挤破头都想去的，这些企业一般都有自己的招聘节奏，大部分只招当届的毕业生，他们对于应届毕业生的认定很有可能已经不包含你了，你只能去和在职场上拼了很多年的"前辈"争社招岗位，和他们相比，你的"比较优势"还在吗？

即使用人单位把你纳入应届毕业生招录范围，你有没有想过被问到"为什么当年没找到工作，要延到下一年来找"这个问题时该怎么回答？之前你们一个学姐和我分享过她跨届求职的经历，这个问题基本上被她投的单位都问过。为什么呢？我特意打电话问过很多HR，他们的回答给我的感觉就两个字"存疑"，很长时间里这个孩子都没找到合适的工作，是不是哪里有问题？要么是不够优秀，要么是不够稳定，要么是职业规划不清晰，而这几个"疑点"对于求职来讲都是"招招致命"的。你可能会说："老师，我有完美回答。"再想想，你的完美回答说服力有多强，真的能够从内心里让HR摆脱他对你所有的疑虑吗？其实，有这些"疑点"的时候，你的"比较优势"已经打折了。

第二，当大多数人都选择等待再看的时候，会不会是座独木桥呢？当你身边的人都选择等到下一届再战的时候，这意味着你不仅要面对下一届的竞争对手，还要面对同样和你一样经历过一年求职时间的竞争对手。岗位数是一定的，有可能还会更少，竞争的人越来越多，这座独木桥会越来越窄，有可能你之前放弃的offer，在下一年都会成为"金疙瘩"，当用人单位有更好的选择时，还会选择曾经拒绝过他的你吗？那个时候的你，已经破釜沉舟，只能在此时的基础上，再降低期望。

未来有那么多不确定，为什么不适时调整期望，把握现在呢？问题又来了："老师，都说第一份工作很重要，我降低期望找一个，万一我入错行，我未来的路不就堵死了吗？"我特别认同第一份工作的重要性，也认同你们对未来的担忧。能想到这个层面的同学，我相信你们对自身职业发展路径是有基本认识的，那么你们也一定知道"专业能力"和"人脉资源"对职业发展的重要性。而这两点对于身为应届毕业生的你们，是相对薄弱的。因为你们专业能力中实践不够，所以实习过程中你们也发现效率最高的招聘往往是"内部推荐"，因为有前辈给你"背书"，成功率最高，这其实就是人脉资源。

所以，与其扛着应届生身份到处碰壁，不如"躬身入局"，在工作中积累经验、积攒人脉，寻求更多的机会。因为，只有走进去，你才能发现并且熟知"游戏规则"，你才能发现怎么走才是对的，怎么走才走得快。在就业 6 年的时间，见过你们不少师兄师姐，刚开始从小平台做起，越跳越高，越走越广。有的时候和他们聊，他们也经常说"专业是干出来的，真正干了才明白，明白了才知道怎么发展"。

一岗定终身的时代已经过去了，就像没有完美恋人，没有一份工作是完全没有遗憾的，只要这个 offer 是你主线下的可选项，与其犹豫、等待、观望，不如躬身入局，踏实做起。

同学们，offer 来了，该出手时要出手！

关键词：技巧

招聘信息不够多？是不是缺个"求职表"

今天和一个孩子聊天，大体内容如下。

他说："老师，招聘信息不太够。"

我问："不应该啊，你投了多少，都投了哪些单位？"

他犹豫了三秒钟，说："老师，投太多，不记得了。"

我瞬间顿悟，他和我当初找工作的时候一样，属于"逛超市"求职法，看着不错就投，投完就忘。若干天后，莫名地接到面试的通知，然后怀疑地问自己，这家单位我投过吗？

其实投递总量是一方面，更关键的在于总量中的"有效投递数"，要想这些招聘信息有效，你首先要学会管理好这些招聘信息，这时候你就需要有个求职表！上求职表之前，先说说求职表里的一些关键字段。

1. 意愿梯队

和大家高考报志愿的时候一样，我们心目中一般都有三个梯队。第一梯队（冒险冲一下能上的），第二梯队（大概率能上的），第三梯队（保底，肯定能上的）。求职也是一样，根据自己的求职意愿要给自己划分三个梯队。

第一梯队：最满意，能够满足所有期望的。

第二梯队：比较满意，会有一些小遗憾的。

第三梯队：可以接受，有点不甘心的。

划重点：一定记得随时调整，如果发现第一梯队里面的单位大部分石沉大海，表明自己目标定高了，要主动降低求职期望，将第二梯队递补进第一梯队，后面依次递补。

讲道理：这样做，一方面能够高效分配自己的时间，集中精力办大事，可攻可守；另一方面通过随时动态调整，你能迅速找清楚自己的求职定位，不高不低，不浪费时间，同时当你做选择的时候，能让你少一些纠结。

2. 时间掌控

将网申截止时间、笔试时间、面试时间等用统一的格式列详细，这样，你需要做的就是定期按时间筛选，就能够清晰地知道还需要做哪些网申，有哪些笔试、面试需要准备。掌控了时间，就掌控了节奏，每天都有任务，不会心慌。

划重点：时间格式一定要统一。

3. 状态跟踪

实时更新状态，已完成网申、网申已通过、已笔试、笔试通过、已初面、初面通过等，将状态标细致、标统一。一方面能够知道整体进度，假如面试完一直没消息而其他同学陆续收到消息，这个时候自己就要主动跟进了。另一方面，方便剖析自己，发现问题，看看自己是网申关没过，还是笔试关没过？发现问题后，就要逐项做强化训练了。

4. 收获体会

主要记录两方面内容，测试内容和不足之处。测试内容主要记一下笔试、面试都考查了什么，用什么方式，方便再参加同类型企业招聘可以做针对性准备。不足之处主要记录自己的感受，发现的问题，可以做针对性强化训练。其实这一部分我更建议有时间写成详细的求职总结，会受益终身。

求职表附后，

认真讲故事：我身边高效管理的典范——王主任。他在就业中心就职期间，自己经手的材料都归档得整整齐齐，自己经手的数据都统一标准录入，每件事都安排得明明白白、妥妥当当，看他的材料和数据有一种赏心悦目的感受。

我给你的是基础版，适合自我口味的个性化升级版就只能靠你自己了！

期待你自己的求职表！

表1 求职统计表

第一版：时间控制版，侧重于在时间掌控

序号	单位名称	单位性质	行业	单位所在地	意愿梯队	招聘平台用户名/密码	岗位名称	时间节点描述	状态跟踪	特殊备忘	收获体会
					第一梯队			网申截止时间 4.19	网申完成/网申通过/未通过	网申地址/简历投递邮箱	考查内容/不足之处
					第二梯队			笔试时间	未面试已笔试/笔试通过未通过	网测链接/注意事项	考查内容/不足之处
					第三梯队			一面时间	一面通过已一面/一面通过未通过	初面方式/注意事项	考查内容/不足之处
								二面时间	二面通过已二面/二面通过未通过	复面方式/注意事项	考查内容/不足之处
								终面时间	终面通过已终面/终面通过未通过	终面方式/注意事项	考查内容/不足之处
								offer时间	未截止/已截止	材料准备	考查内容/不足之处
								体检时间	未体检/已体检	材料准备	考查内容/不足之处

使用说明
1. 每个字段下文字为对应状态或描述。同一行时间节点描述与状态跟踪相对应，例如：网申截止对应网申完成/网申通过/网申未通过，笔试时间对应已经接到笔试通知，就把时间节点描述和状态跟踪都改为笔试通过，未面试。
2. 根据求职环节具体进行实时更新，只显示最新状态，例如已经接到笔试通知，方便后期总结。
3. 收获体会建议简写，详细总结建议用其他方式记录。例如：网申未通过，记录网申未通过即可，方便后期删除。
4. 未通过的单位不要删除记录，当前状态存储即可。

第二版：过程记录版，侧重于过程记录

序号	单位名称	单位性质	行业	单位所在地	意愿梯队	招聘平台用户名/密码	岗位名称	网申截止时间	笔试时间	在后列名称依次为一面时间、二面时间、终面时间，offer时间，体检时间	状态跟踪	特殊备忘	收获体会
					第一梯队			4.19	4.21		状态跟踪写当前状态	网申地址/笔面试注意事项	考查内容/不足之处
					第二梯队								
					第三梯队								

使用说明
1. 网申截止时间之后的列名称依次为笔试时间，一面时间，二面时间，终面时间，offer时间，体检时间等。
2. 状态跟踪写当前状态；
3. 收获体会建议简写，详细总结建议用其他方式记录。

要成为求职潜力股，盯紧自己的求职大盘

经常接到同学们的咨询电话，说自己投了很多单位，但是反馈的却不多，比较焦虑。于是要来了几个同学的求职表，对着他们的简历和他们一起仔细分析了一下他们所有投的单位和岗位。我发现在找工作的过程中，他们其实都是潜力股，只是不太会经营，也看不懂自己这只股票的走势。

所以，特别想告诉找工作的同学们，找工作就像你们自己炒股票，你要盯准大盘，研判形势，时刻进行调整，而不是这种傻等的心态——"反正我投了，要不要是单位的事，我也没办法呀"。

那么，怎么炒好自己的"求职股"呢，分为以下三步。

1. 盯紧大盘，研判形势

简历投了一段时间了，是时候打开你们的求职表，也就是咱们的"求职股"大盘，仔细地分析一下未来求职的走势。我们要怎么看呢？其实很简单，关注以下几个问题。

哪些单位有"希望"，到了第几轮，这些单位有共性吗？

哪些单位"凉凉"了，卡在哪里，这些单位有共性吗？

然后根据自己的求职意愿给投了的所有单位，分志愿，调顺序。志愿和顺序看你们自己的喜好，我一般建议分为三类，往上冲的、希望大

的和最保险的。

让我们看看一位同学的求职大盘（举个例子）：他经过一段时间以来对自己求职过程的分析，发现自己投头部金融机构总部类的，一般能过简历关，但往后走的机会不多，有卡在 HR 面的，有卡在部门面的；国企总部类的，投财务岗位相对比较顺利，而投偏投资线的岗位时卡在业务面试的居多；投金融机构分公司的普遍比较顺利，从面试情况来看希望比较大。他根据自己求职的情况，参考自己的职业规划，分了志愿。

往上冲——头部金融机构总部及头部券商；再给自己一段时间，如果再不行，就要果断放弃。

希望大——国企总部投资线、资管线、财务线；未来投入最大精力，争取先拿到 offer，拿不到再适时调整。

最保险——金融机构省级分公司或大国企子公司；及时跟进，不浪费机会，努力争取到更适合自己的岗位。

2. 顺势而为，及时止损

经过第一步我们准确地找到的自己的"势"。我对"势"的理解就是通过一段时间你自己和用人单位之间的双向选择，你对用人单位的感知从原来的"这个单位我喜欢"，增加了一个判断"这个单位我喜欢，我大概率能拿到 offer"。也就是说你通过分析自己的求职大盘，找到了适合的求职定位和方向，那么下一步就应该向上面的例子一样，合理分配自己的精力，制定不同的策略。聪明的求职做法，有一点特别重要，就是"及时止损"，当你发现某一类特别喜欢的单位，但自己总卡在某一关就是过不去，自己也尽全力改变并提高能力了，此刻一定要放下不甘心，及时止损，降低期望，往下看看。应届进不去，不代表永远进不去，你还有未来职业转换的希望，要顺势而为。

3. 哪里跌倒，哪里爬起

求职的过程是一个不断跌倒、不断爬起、不断成长的过程，失败不可怕，最怕不知道为什么失败且不去改变。所以，一定要随时总结，多问几个为什么。

为什么这次笔试没过，第一次面对开放性问题，不太懂！找题库，做题。

为什么这次面试没把握好，太紧张了没发挥好，不熟练！找机会，练习。

为什么这次无领导感觉要挂，第一次做商业分析类题目，不太懂！找"面经"，演练。

所以，不要纠结于眼前的失败，而是要不断思考，善于总结，针对训练，你会越来越自信，也会越来越强大。

讲故事：曾经辅导过的一个男孩，形象气质俱佳，实习经历丰富，铁了心地想进总行和头部券商，结果秋招过程中全部"凉凉"。我和他一起几乎复盘了他所有的面试，发现他业务面自己投入不够，深度和广度都不够。但是已经年末，留给他的机会不多了，他果断降低求职期望、改变策略，开始全力抓住春招投其他公司，拿了好几个 offer。后来，有一天特别开心地拿着第三方协议来就业中心签约，我一看，可以啊，大资管啊！他说："老师，一来命好，居然捞到了补录；二来我寒假是真努力了，恶补了专业，寒假一天没歇，我这也算是哪里跌倒，哪里爬起来了！"

要成为求职潜力股，盯紧自己的大盘，用心经营吧！

求职"练"起来，抓住风口"乘风启航"

　　之前和大家聊过校招准备我们要三步走，"谋划+行动+练习"。我们一起聊完了"谋划"和"行动"，现在我们开始进入"练习"环节。经过谋划和行动，我们在求职"尽调"中积累了大量的求职素材，个人简历、自我介绍、开放性问题等。"练习"环节我们需要把之前积累的"积木"真正内化于心，外化于行，练到出神入化、信手拈来的境界，怎么练呢？抓住线上提升求职力这一大风口。

　　受新冠疫情的影响，2020 届春招由线下转到线上，求职指导也随之搬到了线上，我惊奇地发现几个月的时间，线上指导以迅雷不及掩耳之势发展到如此成熟的地步。直播可以讲方法技巧、讲行业认知，回看可以不断温习，各类线上视频工具可以线上改简历、模拟面试，还能做无领导小组讨论。以前线下费时费力搞的指导活动，现在效率指数级提高，最关键的是以前你们参与指导活动来回奔波的时间成本通通没有了。并且，很多专业的 HR 也都纷纷做起了"网红"，在抖音、微信等各大平台分享求职经验。可以说，漫天飞的都是求职力提升的机会。如果我们抓不住，不好好运用这些机会，锻炼自己的求职能力，等你的竞争对手都起飞了，你的好机会也会被他们抢走。所以，未来的应届毕业生在校招求职准备上，不能按以往的水平来要求自己，竞争对手都在抓住机会拼命成长，现在是逆水行舟，不进则退。

问题来了："老师，准备过的和没准备过的能差多少呢?"给大家讲一个我亲身经历的故事。

认真讲故事：之前参加过一场房地产行业的面试，面试官问了一个简单的问题，怎么看待房地产业。有些同学真的是随便说说，想到哪儿说到哪儿。有个同学令我印象深刻，她从行业近年来的发展状况、增长率情况以及目前政策环境，谈到现行政策下"上下游"产业链及整体的市场份额，再细化到主要竞争对手的优缺点及未来发展趋势。不止这个问题，之后所有问题回答的逻辑都很清晰，很全面。面试完我私下和这个孩子聊了聊，发现她真的下了不少功夫，印证了那句话——越努力、越幸运。如果你是面试官，你会选择随便聊聊的，还是选择充分练习令你印象深刻的呢?

聊这么多，就一个目的：同学们! 我们要适应形势的改变，求职练习变得如此容易了，大家都会变强，我们只有变得更强，才能有竞争力。那么，我们该怎么练呢?

1. 送上门的牢牢抓住

各高校就业中心举办的线上就业指导活动目前都比较成熟了，基本能覆盖从简历制作到笔面试等求职全过程，送上门的都是经过精挑细选的，一定要牢牢抓住这些资源。通过参与这些活动我们完成一件事——打牢根基，保证我们求职过程中的基础题不丢分。

2. 意愿高的重点突破

经过之前分享过的谋划，我们已经将想投的单位或岗位分出了类别，在夯实基础后我们要重点突破。因为不同单位或岗位侧重点不同。比如，你想去做一级市场，你要重点关注一级市场面试官分享给你的求职经验和技巧。经过一段时间的了解，我发现求职类教育培训机构业务领域深耕得都很好，有专注金融行业求职的，有专注互联网行业求职的，他们会建很多求职分享群，会分享笔试、面试题目，会讲"面经"，同时也会有几块钱的拼团课。对你们了解细化到具体行业、企业、岗位的求职技巧还是有帮助的。通过听这些课程，我们要完成从优良到优秀，从基础题到附加题的提升，帮助我们在重点行业或企业求职中加分。记住，一定要保持独立思考，吸收对自己有用的信息和资源。

3. 用好视频工具专项练习

在前几节分享里我多次提到过"复盘"，我个人认为这是自己训练最有效的办法。把自己练习的过程用视频录下来反复看，一定能发现改进的空间。邀请同学或者老师帮你"找茬"更好，发现问题一定要及时解决，"写下来"很关键，写下来你的逻辑会更清晰一些，好记性不如烂笔头，也方便你后续不断升级自己的答案。很多毕业生都和我反馈过，经历过各种"彩虹面"之后，回过头看自己刚开始求职时写的那些答案，发现自己当时弱爆了。在求职过程中你其实在不断提升，你也需要让你的"答案"不断提升，写下来、录下来、存下来，你一定会不断升级。所以要提倡同学之间少约"游戏局"，多约"群面局"，用好视频会议，互相助力、相互提高。

形势在变，风口已来，机会稍纵即逝，好好准备你的求职计划，好好练习你的求职技能，现在播种，才能收获未来。

对手都在努力，我们不能懈怠，抓住风口，乘风启航！

面试完还要网申，这样的面试值得吗

招聘现场和简历辅导的时候碰到了不少同学，聊天的过程中有个问题问得最多："老师，面试完还要网申，我这大长队是不是白排了？"今天，我们就聊聊"已经网申了，还要不要线下面试"这个问题。

从目前的校招形式来看，网申肯定是跑不掉了，各大央企、国企都建成了自己成熟的网申系统，网申是我们求职的第一关。那么，关键点就落在了网申和线下面试的关系上，HR 们怎么去定位呢？和很多单位 HR 聊过之后，我发现主要有这么几类做法。

第一，校招自主权比较大的用人单位，更看重线下面试。用他们的话说，"面的差不多，直接发二面了"。网申或者网测其实更多的是基本资格测试，毕业生们肯定能过，不同的是考过之前已经经过了几轮面试，已经知道了自己拿到 offer 的概率。

第二，校招程序卡得很"死"的用人单位，更看重网申。这类单位校招的程序性很强，网申过了，才有笔试，笔试过了，才有面试，提前的面试更侧重于鼓励更多适合他们的同学去网申。

剩下的基本就介于这两者之间，提前面试就是为了能更多地圈定适合自己的毕业生，从茫茫的网申系统里面把我们拉出来。扶上马、送一程，剩下的就看我们自己的"修为"了。

了解了 HR 们的定位，我们来聊聊为什么要去线下面试。在我看来有三个理由。

1. 抓机会

求职其实是个体力活，有方法、有策略，但是没有捷径。多投、多跑、多面会给我们带来更多的机会，尤其是招聘自主权比较大的用人单位，几轮面试下来能不能拿到 offer 自己心里就有谱了，网撒得越大，大鱼小鱼入网的概率也会越大，这个道理我想我们都明白，关键是我们一定要定下心来，一步步努力去做。

2. 找方向

求职初期很多孩子都是"懵"的状态，都需要一段时间来寻找方向。我一直认为面试是个效率极高的找方向、找自我的过程。因为从面试的过程中，HR 和你聊的内容、问你的那些问题，其实都在帮你确定是不是适合所应聘的岗位。即使需要网申提前面试意义不大的用人单位，HR 在面你的过程中都会问很多指向性很强的问题，比较耿直的 HR 可能会直接告诉你，"孩子，我觉得你更适合做×××"，而这些都能成为你确定方向的参考。举个例子，给同学们改简历的时候，有个同学和我说："老师，面试的时候 HR 老师看了我的实习经历，一直反复问我为什么选择这个岗位。"我看了简历之后和他聊了挺久，证明 HR 的判断是正确的，这个孩子从内心是不太喜欢这个岗位的。所以，我们要相信面试官的职业素养，他们都是"面人无数"的老神仙，即使不能告诉你适合做什么，至少他们能告诉你适不适合他们。所以，当你有点迷茫的时候，完全可以找 HR 面一下。聊得比较好的时候，可以多问几个问题，对你寻找方向或者后续在面试中哪些点需要注意都会有很大的帮助。

3. 练真功

之前和大家分享过好多回，求职过程中我们会成为很多单位的"过客"，很多单位会成为我们的"过客"，通过这些"过客"可以让我们修炼成"面霸"。背再多的"面经"都比不上真刀真枪地去面一回，面试不只是能力上的修炼，更是心态上修为。当你内心的修为足够成熟和坚定的时候，所表现得不慌张、不急迫才是最坚不可摧的。我们从青涩到成熟，一定需要大量的积累，而这个积累需要我们投入时间去跑、去面。线下面试机会来之不易，通过排队就能争取到的面试机会，相比线上的残酷厮杀，还是幸福很多的，我们一定要珍惜。

最后，借用大神师兄的一句话，"九月、十月别想太多，方向把握好，面就对了"！

边实习边求职，我们需要像职场人一样思考

最近接到了一些同学关于实习的咨询，和他们聊的过程中，发现他们虽然已经一只脚踏入职场，并且实习做得非常努力、用心，但有时我们需要用职场人思维去思考问题，所以在这里和大家聊聊我自己的一些看法。

认真举例子：

老师，我一直在公司实习，岗位的业务和公司氛围我很喜欢，自己也希望能留下，但是目前公司是否留下我，只能看未来项目的情况，项目多留任希望就大，项目少就很悬了。之前拒了其他的offer，现在手里也没有其他的 offer，公司平常很忙，经常加班，似乎也没有太多精力找其他工作，现在应该怎么办呢？

我马上追问，自己的现状和部门领导或 HR 聊过吗？有咨询过自己还要实习多久，未来留任机会有多大吗？同学摇摇头，说觉得不太好意思问，现在的这些信息也是从其他同事嘴里听说的。我听完有点慌了，赶紧让他去和公司说明自己的现状，确认这些关键信息。

以前我一度以为这种情况是少数，后来陆续接到了不少类似的咨询，我才发现这种情况原来真的挺普遍。很多同学在实习的过程中并没有像"职场人"一样去思考问题，结果实习不仅没有成为自己求职过

程中的加分项，反而成了影响求职的不稳定因素。要瞬间"长大"挺难的，我很理解你们的想法，其实我自己边实习边求职的时候，也一样焦头烂额，但是有几个关键点我们还是要牢牢把握住。

1. 要稳中求胜，不要背水一战

职场人做事都比较稳健，很少会将自己逼上绝路。所以建议大家拿到保底的 offer 之后，再去自己梦寐以求的企业或岗位实习，寻求留任的机会。这不仅仅是求职策略，更是给自己一个相对宽松的环境去迎接竞争激烈的 PK。当你没有后顾之忧地去实习，你的投入程度、做事效率自然会大大提高，这其实也是为自己能在实习岗位上胜出创造更多机会。

2. 要敢于沟通，不要畏首畏尾

有效沟通是职场人必备素质，身边的领导和同事，不是"家长"，没有人会去猜你在想什么，也没有人会有大把的时间去考虑你的问题和困难。你不去沟通，他们永远不会知道你的困难是什么。所以，你们需要将自己的想法和困难以合理的方式告诉你的部门领导或者 HR。好多同学实习的时候不敢去和领导沟通，更不敢请假，总觉得这样是不是不好。你要明白你的领导都是职场人，也不是第一次带实习生，他们对事情本身及你个人的情况都有自己基本的判断，要敢于去沟通，让他们明白你的想法和困难。都不知道你的诉求是什么，怎么帮你解决问题呢？我曾经遇见过这样一个情况，一位很优秀的女生，实习单位对她评价很高，正好我和那个公司的 HR 也认识，偶尔聊起来，实习公司 HR 才知道她为了坚持实习拒了不少 offer，她的业务主管更不知道此事。HR 很诧异，还没最终签约，拒其他单位 offer 这么大的事，怎么也不和她说一声，万一实习留任有闪失，岂不是竹篮打水一场空。后来我问这个孩子，她说她想过和 HR 聊聊，总感觉不太对，就放弃了。其实，她并不知道对方是希望能够和她有效沟通的，而这一波有效沟通能够支持自己更清晰的判断，避免将自己逼入绝境。

3. 要有舍有得，不要轻重不分

在没有 offer 保底的情况下边实习边求职，一定要记住你的重点依旧是求职，不能因为实习而影响求职节奏，因为沉溺于实习而放弃求职更不可取。一定要判断清楚当前的轻重如何？毕业季主线是求职，实习只不过是实现求职成功的一种途径。所以，该请假的请假，去笔试去面试；如果留任机会渺茫，即使再不舍，该放弃的还是要放弃。先保证自己拿到 offer，后面有机会可以再杀回来。时间有限，机会稍纵即逝，抓住重点，有舍才有得。

边实习边求职虽然痛苦，但也是我们漫漫求职路的常态，在处理实习和求职关系的时候，我们要学会用职场人思维去思考问题，要制定策略、要充分沟通、要抓牢重点、要有舍有得。思考问题越职业、越成熟，路才会越走越宽。

考研黯然神伤，助你春招尾巴逆风翻盘

学校每年考研复试线下来，可谓是几家欢喜几家愁。复试线一公布咨询求职的孩子也渐渐多了起来，聊天的过程中能够感觉到他们都有一点点的担忧，都在问同样一个问题，"老师，我现在再找工作，来得及吗？"答案是"当然来得及"。抓住春招尾巴逆风翻盘的师兄师姐大有人在，只是这个阶段，我们要比以前更加努力，并且要学会更加高效地利用时间和牢牢抓住来之不易的机会。看你们"骨骼精奇"，送你们两个锦囊傍身，助你们逆风翻盘。

1. 聪明找资源

站在春招尾巴上，已经不是一网下去全是招聘信息的阶段了，所以我们要"嗅觉灵敏"，寻找那些对我们最感兴趣的单位资源，避免再通过海投战术浪费宝贵时间。怎么寻找呢？有两个小妙招。

（1）找准平台渠道

现在这个阶段已经没有那么多时间和精力一个企业一个企业地去抓招聘信息了，我们需要把主要精力放在整合招聘资源的平台上。你需要关注这样几个平台：

①学校就业中心网站。还是那句老话，送上门来的一定是最爱你们的，当然更包括辅导员老师、导师转给你们的各类招聘信息，这波信息

指向性很明确，就是冲着你们来的。

②意向就业地财经类高校就业中心网站。一般来看，高校都是属地优势资源最集中的地方，比如说你想在四川、重庆等地区找工作，那么一定要时刻关注西南财经大学的就业中心网站和微信公众号。

③意向就业地人社部门平台。属地的人社局和人才服务中心一般是我们最容易忽略的，但是这里是另外一个属地优势资源的集中地。近几年，各地市拉开"抢人"大战，各地市的人才服务中心做了大量整合属地资源组团进校招聘的工作，单位数量、质量和政策支持都非常到位。还有针对应届毕业生的一系列专项招聘活动，这里主要集中着两大类资源。第一，属地事业单位资源；第二，在属地成规模的国企和民企。

④身边能发动的所有人。很多孩子找工作的时候，只顾埋头去找，而忘掉了身边你认识的人，其实你身边的人都是你找工作的重要资源。发个朋友圈或者给靠谱的师兄师姐、亲戚朋友发个微信，把自己的求职目标告诉他们，如果知道有合适的机会让他们第一时间通知你。你愿意争取，就会发现你能获取到很多意料之外的支持。

认真讲道理：你会发现怎么都是属地资源呢，因为这个阶段，北上广深地区纷纷开启下一届的暑期实习，某种程度上意味着对于应届毕业生招聘已经进入了查漏补缺的状态，总量不会太大，违约一个补一个，所以我们这个阶段的战略是"稳住生源地，包围北上广深"。主战场在你的生源地和生源地周边地区，北上广深等地区时刻关注找机会。

（2）站在巨人肩膀

对于刚刚开始求职的你们来说，其实最迷茫的在于不知道处于哪个层面，投什么单位成功概率最大。时间和精力又不允许我们再去反复试错，怎么办？求教于一直在找工作的同学，找一个性别相同、专业背景相近，校园经历和实习经历和自己差不多的同学，和他深入聊聊。问一问他都投了哪些类别的单位，情况怎么样，到了哪一轮，求职的过程中都踩过哪些"坑"等，如果他能给你一张他自己的"求职表"，那就最好不过了。因为各方面条件类似，站在他的肩膀上，你就能分析出自己的求职轨迹，能够知道自己投哪些单位概率最大，这样能让自己少走很多的弯路。当然，如果能找到工作五年左右的师兄师姐帮你分析一下，那就更是锦上添花啦！求教身边的人，自己一定要学会感恩，他们的经验都是自己连滚带爬试出来的。

2. 聪明找战友

找工作有一点非常重要，不要把身边的人都当成竞争对手，相反你们是一个战壕的兄弟姐妹。我见过特别多团队协作极好的求职小分队，分享招聘信息，分享心得、感受，最后整个小分队都签得特别好。而春招尾巴上找好战友，互相支持、团队协作显得更加重要。一起找招聘信息就不说啦，重点讲讲如何相互支持提升求职能力。其实方法很简单，你和你的战友们，互相当面试官，要做到以下几点。

（1）不留情面，真实模拟

把每一次演练都当成实战，这样才能最大限度暴露问题，不给自己留余地。

（2）反复演练，倒背如流

因为对面毕竟不是面试官，所以你不会紧张，不紧张还说不好，那么紧张会更糟糕。所以，对自己的要求一定要高，要在紧张的情况下做到思路清晰、侃侃而谈，平时练习就要高标准要求自己"倒背如流"。

（3）换位思考，指出问题

要学会站在面试官的角度上去指出问题，指出小伙伴问题的同时，你自然也成长了。

认真讲道理：这么做的原因很简单。因为这个阶段留给我们面试练习的时间很少了，对每一个给我们面试机会的单位我们必须做到最好，那么只有通过相互模拟，才能让你把纸面上的"面经"真正练出来。不仅能发现自己的问题，同时还能从面试官的角度发现同伴的问题，这是我们在面试机会很少的情况下快速提升面试能力的好办法。

越努力越幸运，现在行动起来，你也能逆风翻盘！等着你们胜利的消息。

"考公"独木桥，一起应势而动、顺适而为

　　这几天接到的咨询基本都是考公务员的，太多的同学都在坐等公务员招录面试，有部分同学甚至拒掉之前的 offer 裸等公务员招录，还有一部分同学告诉我，他们在犹豫要不要边工作边考公。我理解大家对考公的"执念"，考公越来越像本科生考研一样，不管结果如何，都要去努力一把。但是考公务员真的需要我们破釜沉舟坐等到底吗？

　　从我个人的角度来看，面对"考公"我们要更加理性，需要应"势"而动，顺"适"而为。

　　1. 应"势"而动

　　从这段时间和同学们交流中我发现，等着考公的同学比往年多了很多，而且有个现象越来越明显，当同学们对未来规划不是很清晰的时候，冒出来的第一个想法就是"我要不先考公务员试试吧！"而疫情对求职的影响又加剧了这一心理，大批的同学等着考公，很多甚至孤注一掷、放弃找其他工作。我们试想当所有人都去挤这座独木桥的时候，我们是不是要多问几个为什么？招录竞争会不会更加激烈？供你选择的岗位空间会不会更小？你可能会说，"老师，扩招了啊，岗位越来越多了啊"，那么问题来了，都扩招了哪些岗位呢？你期望的岗位扩招了吗？扩招是否意味着未来晋升的竞争也更加激烈呢？我们要想清楚这些问

题，然后再看看眼前这个很多人都在挤的独木桥，是否值得我们孤注一掷。因此，现在的我们更需要看清形势，根据形势做好决策，别人口中（人云亦云）的"势"是我们要追寻的吗？我们自己的"势"在哪里，我们该怎样应势而动呢？

2. 顺"适"而为

我们求职的核心就是"适合"，用人单位和我们都在寻找"适合"的彼此。那么，选择考公，你真的了解吗？你自己真的适合吗？你考公的选择是建立在"适合"基础上的研判，还是人云亦云的"跟风"呢？

认真举例子：你们的一位学长，非常优秀、靠谱，先拿到了某总行offer。后来又考上了某部委，身边所有人都劝他去某部委的时候，他最终选择了总行offer，顶着来自家庭、朋友诸多的不理解，支持他做选择的核心要素就是"相比而言，他觉得他更适合总行"。所以，选择之前要看清自己是否真的"适合"，别人眼中的"好"，对你不一定是真的"好"。谈起公务员，我个人认为未来公务员会更加看重以下三个方面。

（1）担当

我想大家都明白这两个字的含义和分量，这里给大家分享一下自己的一点感受。2019年送基层就业毕业生的时候，一名地方选调生和我们分享了激励他选择基层的一句名言，"为天地立心，为生民立命，为往圣继绝学，为万世开太平"。选择做公务员，首先要有担当，不是把它当成一份养家糊口的工作，而是将其作为值得奋斗终生的事业。

（2）专业

同样也是在基层就业座谈会上，一位老前辈分享给即将踏上征程的师弟师妹们，要努力将自己的专业素养变成"比较优势"，并且做到随时学习、终身学习，未来专家型、学者型公务员更具优势。在前期报考和后期发展中，要更多关注专业匹配度，发挥自己的专业优势，形成不可替代的核心竞争力。

（3）基层

基层工作经验不仅能够让我们迅速成长，更多的是让我们全面、系统地了解整个体系的各个环节和运行逻辑，便于我们正确判断与决策。要想在未来走得更远、更扎实，从基层历练，在基层成长，是非常有必要的。

所以，基于这三方面再问问自己，自己是不是"适合"考公，是现在适合，还是未来更适合？仔细想想，工作几年再去考公是不是会更符合以上三方面的优势呢？经过几年的历练，你在专业上会更成熟，专业水平会更高，具体业务和基层工作经验的积累也更扎实，你对整个体系的认知也会更深刻，最关键的是你在心智上会更成熟，更了解自己适合什么，对自己职业发展认知也更加清晰。在 35 岁之前，你还有机会再考入公务员队伍，向更高或更深的职业方向发展，很多的同学正是如此，先在企业历练几年，夯实自己的业务基础和基层经验，再去考公，相比应届生直接考公要更成熟、更全面，履历也更丰富。只是往往大家都有"误区"，总感觉应届身份考更容易，后面再考试、再学习会越来越难。难道我们离开学校就不继续学习了吗？让自己优秀是一种习惯，学习更应该成为我们未来的一种生活方式。

所以，在当前的形势下，我个人不建议大家拒掉手头的 offer，孤注一掷考公。与其挤断独木桥，不如先入海，能踏浪，再弄潮。

那些一定要珍惜的机会，聊聊选调生

10月中旬开始，各省市区选调生工作陆续开始启动，不经意之间发现网站的置顶头条都已经放不下了，再看看报名截止时间，突然发现不少省市区今年的节奏都比往年加快了，如果现在错过了可就真的擦肩而过了。今天，我们来聊聊选调生。

1. 关于选调生类别

这样分类其实并不官方，只是大家都比较习惯按照选调生的招录范围来区分一下，时间长了慢慢地就养成了习惯。一般来看，我们习惯分为专项、定向、面向三类。

专项选调：对于高校的同学来讲，是政策最好的。因为我们只需要校内竞争。一般选调省份只针对数量不多的高校开展，每个高校有一定的名额，这个名额具体是多少，要根据每个学校报名情况来看。

定向选调：选调省份也只针对部分高校开展，也不面向全部高校，但会比专项选调高校数量多。目前来看，定向选调的高校范围主要集中在双一流建设高校和双一流学科建设高校以及选调省内自己的部分省属高校。

面向选调：一般不设特定的招录高校范围。

那么，专项、定向、面向对我们来讲有什么不同呢？最大的不同就是竞争的激烈程度依次增大，招录高校圈子越大，竞争对手基数越大。同样反过来看，招录高校圈子小，就说明选调省份更重视这所高校，更想要这所高校的毕业生，未来的成长也会更加关注。所以，当你的家乡省份在自己的母校专项招录选调生的时候，同学们，别犹豫，我们建设家乡的机会来啦。

2. 关于招录条件

招录条件每个省市区都会有所不同，整体来看会从这几个方面有要求：学历层次、专业、政治面貌、学生干部经历、奖学金或校级荣誉和学习成绩。大家越是关注的省市区，比如北京、上海、江浙地区等，招录要求会越高。一般来看，中共党员（预备党员）、学生干部经历、校级及以上奖励等几个条件，满足其一即可报名。

3. 关于招录程序

整个招录程序和我们最熟悉的省考基本一致，笔试（行测+申论）、面试、政审、体检、公示等，不同的是最终录用的计算方式，多数专项和定向选调是笔试、面试、考查等各项占不同的分值，最后计算总分。政策更好的则是笔试和面试都是资格考查，会分别划线，过线即可，前后不影响，不需要笔试刷高分。当然，和招录条件一样，越是大家关注度高的省市区，难度越大，该刷分的还得刷分。

4. 关于招录政策和岗位

大部分选调生都会同步享受选调省市区内的人才引进政策，会有住房补贴、安家费等。岗位大体分为三类：省直、市直和乡镇。各省市区的政策有所不同，一般分为两类，直接定岗再基层锻炼、先基层锻炼再定岗，但是不管定岗在哪里，在乡镇、社区等锻炼两年以上那是一定的。我知道大家最关心的就是分配和定岗问题，我们来聊聊。

关于定岗，是省直、市直还是乡镇，报考的时候会让大家填具体的报考岗位。除了填报岗位之外，还有一个影响因素就是学历层次，整体来看学历层次越高竞争力越大，但是对于我们本科的同学来说，专项和定向选调生应该是我们加入公务员队伍最快的方式了，错过的话真的要去挤省考大军了。

关于分配，特别能理解大家都想分配到省会城市或者自己的生源城市，组织部门也会根据你的专业、能力，再加上我们自己的家庭因素及自主意愿综合考量的。

关于定岗和分配，特别想和大家讲一位同学的经历，他是定岗到市直机关到乡镇挂职的，我问他："乡镇挂职完了回市直吗？"他回答："不回，不光我不回，大部分都不回。"我问他："为什么？这和你当初想法不一样啊，当初不是想着早点回市直吗？"他回答："到了乡镇才知道，乡镇空间更大。"说到底还是那句话，基层大有可为。

关于选调生基本的情况大体总结就这么多，每个省市区的政策都会有所不同，最重要的是要学会看公告，逐字逐句地读懂公告。微信群里同学们问的各种问题，大部分答案公告里面都写得非常清楚。容我多唠叨几句，马上要进入职场了，一定要耐下心来学会读文件、读公告，到了工作岗位，不会像学校一样，有人耐心地告诉你事情该怎么做，更多的是自己去研究文件，研究资料。重要的事情说三遍：读公告、读公告、读公告。

最后，最想和大家说的就是，选择选调生，不只是选择了一份职业，更是一份事业，而人生中能当成事业的事情并不多。最后用一位同学在基层就业训练营座谈会上的发言来结束，他说支持他选择选调生的动力是他特别喜欢的一句话，我分享给大家——为天地立心，为生民立命，为往圣继绝学，为万世开太平。

第五部分 05

| 手续与政策 |

当我们拿到 offer 准备签约的时候，会突然发现就业手续并不是盖个章就万事大吉了，它涉及户口、档案等种种问题，会把我们完全搞懵。在就业战线的六年时间，遇到了太多的同学因为不懂就业手续给自己挖了一个巨大无比的"坑"。对于就业手续，我们不需要成为专家，但是我们需要知道基本的业务逻辑，这样才不会把简单问题复杂化。就业手续和政策未来可能会变，报到证等一些必要材料可能也会取消，但是这其中的逻辑不会有太大的变化。我们需要了解这其中的业务逻辑，把最复杂的问题用最简单的方式讲述出来。

就业手续"简单点"，刨根问底"两条线"

进入 6 月又到了毕业生集中办理就业手续的时间，虽然开了培训会，写了厚厚一本"截图+文字"的填报攻略，但是办公室此起彼伏、从不间断的电话响，时刻提醒我们，办就业手续个性化太强，每个人的问题都不相同。刚到就业中心，我最先负责的就是就业手续，当初和大家一样，一脸迷茫。沉浸于死记硬背"记规则"，后来发现背的越多越迷糊，精髓不在于"背"，而在于挖掘每条规则背后的意义。为什么要这么规定？背景是什么？要防范哪些风险点？刨根问底之后才发现其实并不难。在这里，和大家一起刨一下就业手续。

简单地说，我们办理就业手续其实就是确定两件事。"要毕业了，我人去哪儿？""我的户口和档案等各类关系去哪儿？"以前这些都在学校，现在要毕业了我们得给它们找个新家。

"人去哪儿？"用就业手续中的专业词汇说就是"就业形式"，就是告诉别人你毕业后人去哪了，是考研在国内升学了？还是出国（境）留学了？还是签就业协议找工作了？为了方便统计，用不同的类别代表不同的去向。这就是我们刨出来的第一条线，为了统计"人去哪儿了"的就业形式。

确定了"人去哪儿"，该确定"我的户口和档案等各类关系去哪儿了"。按照我们正常逻辑，我人去哪儿，户档这些关系跟着我去哪儿不就可以了吗？但是，你出国（境）留学了，国（境）外大学没法接收你的户口和档案啊，人家根本就没有这些手续。同样，你找了个工作单位，单位规模比较小，也没法接你的户档。对于这些没法接收的情况，怎么也得给户档找个家。所以，按规定在校期间，学校等教育部门负责给学生户档安家，学生毕业了如果没找到能给户档安家的地方，统一由人力资源和社会保障部门负责，具体由谁办理呢？入学前从哪里来就回到哪里去，户口迁回家庭户籍所在地，档案由生源地人力资源和社会保障部门负责保管。这样一看，户档关系的新家有这样几个去向。

1. 户档和毕业生一起走

接收毕业生的地方能接收户口和档案，比如考研升学和找到一个能接收户档的用人单位，对应的就业形式有两种，国内升学和签就业协议。在就业"行话"里面，我们管这种户档和毕业生一起走的叫"派遣"。

2. 户档不和毕业生一起走

接收毕业生的地方只能接毕业生，不能接毕业生户口和档案，那么我们就得给户口档案找个新家，就像上面说的户口迁到家庭户籍所在地，档案回生源地人社部门。就业手续里面管这个叫"二分"。问题来了，为什么是"二分"呢？我们可以这样理解，很久以前毕业生找工作还是国家分配体制，从学校直接分到单位可以理解为第一次分配，有点类似于我们的"派遣"。毕业生离校了，没有经过学校"第一分配"的，这个时候毕业生身份也变了，从学生变成了"社会人"，那么这个"分配"责任自然就从学校（教育部门）转移到了地方的人社部门，由人社部门接收毕业生档案，进行"第二分配"，所以叫作"二分"。现在我们由"国家分配"变成了毕业生和用人单位"双向选择"，但是学校（教育部门）和人社部门协同发力，共担毕业生就业的模式没变；毕业生在校，学校（教育部门）负责，毕业生离校转变为"社会人"，人社部门负责。"二分"这种说法也就延续下来了。那么哪些就业形式一般要对应"二分"呢？签劳动合同、灵活就业（单位用人证明、自由职业等）、自主创业。

3. 户档不知道能不能和毕业生一起走

办理户档转接手续有个过程，很多孩子在毕业离校的时候，还不能确定单位能不能接收自己的户口和档案，所以在"能接户档"和"不能接户档"之间，有一个中间状态，就叫作将毕业生户档暂存在学校，先在学校放着，等确定户档去向再来办户档迁转手续，我们俗称"待分"（等待分配）。比如，在京就业的同学，都会等几个月才能办理落户手续，所以户档先放在学校。问题又来了，"待分"是种什么状态呢？你可以理解为你人已经毕业，但是户档没毕业，和在校的时候一样。

"户档去哪"这条线在就业行话里面叫作"毕业去向"，你们仔细想想，你办的那些就业手续是不是就让你确定这两个事，理解了"就业形式"和"毕业去向"，明白了这两条线后面的来龙去脉，知道了学校（教育部门）和人社部门的分工，基本逻辑主线清晰了，再办起就业手续来，就能把复杂问题简单化了。

当然，这是入门的基本逻辑，后面我们一步步把三方协议、报到证、户口迁移证等这些我们将涉及的就业手续给大家在这两条主线下串起来，应该就豁然开朗了。

就业手续"简单点",神器在手、通关无忧

上篇文章我们弄清了"就业形式"和"毕业去向"这两条主线。今天,我们在这两条主线下把三方协议、报到证、户口迁移证这几个关键"神器"给串起来,摸清这几个"神器"的属性,方便我们办理就业手续。

1. 就业协议(三方协议)

之前讲过,"学生在校,由教育部门(学校)负责"。所以,用人单位和毕业生双向选择之间需要加入学校这个第三方,于是就有了涉及用人单位、毕业生、学校三方的就业协议(三方协议)。三方的职责是什么呢?用人单位负责接收毕业生及毕业生户档,毕业生履约到单位报到,学校将毕业生户档派遣到用人单位。从三方职责上看,我们发现三方协议有个重要属性,就是"接户档"。我们常和孩子们说,签三方协议的前提是"用人单位能够接收你的户口和档案"。也就是说三方协议因为"接户档"属性,横跨了"就业形式"和"毕业去向"两条线。既说明了"人去哪儿",又说明了"户档去哪儿"。而签劳动合同、灵活就业(单位用人证明、自由职业)、自主创业等,他们只是就业形式,只说明了"人去哪儿",并不具备"户档属性"。因此,"户档"属性是三方协议独有的绝招。

　　问题又来了，"老师，为什么单位不接我户档，还一定要和我们签三方协议？"一般情况下，单位不接户档可以和毕业生签两方协议。比如给毕业生录用 offer，以单位出具用人证明的形式灵活就业；或者与毕业生签订劳动合同，以劳动合同就业，我们管这些只涉及用人单位和毕业生两方的"协议"关系，俗称"两方协议"。但是，为什么用人单位都喜欢和毕业生签三方协议呢？我个人理解，因为三方协议涉及学校，学校对三方协议管理相对严格，毕业生一般手里有且只有一份三方协议，用人单位通过签三方或者"压三方"来留住毕业生。这可能就是不少用人单位不接户档而愿意签三方的原因，没有"户档"属性的三方协议，可等同于两方协议。

　　"既然三方协议这么重要，是不是不用签劳动合同了？"三方协议虽然有"户档"绝招，但使用是有时限的。一般报到证、户口迁移证打印完，它的光荣使命就结束了，它只存在于应届毕业生求职的过程，一旦毕业生到单位报到，与用人单位签订劳动合同，它自然就失效了。可以理解为它是为安顿毕业生户档而存在的特殊协议。因此，三方协议在前，劳动合同在后，三方协议不一定签，劳动合同一定得签。

　　2. 报到证和户口迁移证

　　我们要迁转户口和档案，但空口无凭，需要拿个凭证让档案管理部门给我寄档案，需要拿个凭证让公安部门给我转户口，需要拿个凭证让用人单位知道我是来你这工作的。现实中，我们用两个证解决这三个问题。户口迁移证帮我们迁户口，报到证上联帮我们到单位报到，报到证下联帮我们寄档案。

　　户口迁移证理解起来比较简单，指哪打哪，要迁到哪就打到哪的地址。但是有一件事特别重要，千万不要超期，一般来讲户口迁移证有效期一个月，一个月内一定要落下来。如果不落，你的户口就一直处于

"迁转"状态，在迁出地和迁入地之间像个幽灵一样飘着，不仅什么也干不了，而且还容易变成黑户。所以，不要犯懒，别给自己和警察叔叔添麻烦。户口迁移证原件如图9所示。

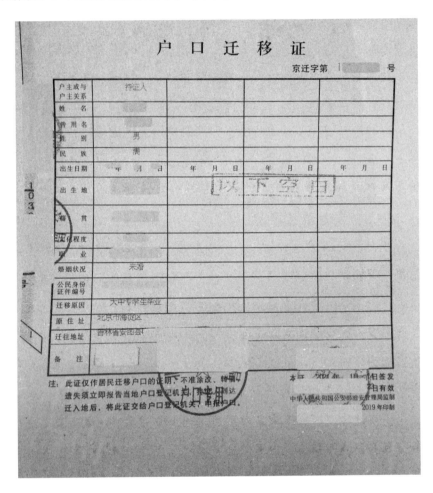

图9 户口迁移证

报到证就稍微复杂一点，一张纸分上下两联（内容一样，但是颜色不同），上联本科生是蓝色，研究生是粉色，下联都是白色。上联我们拿着它去单位报到，下联放到我们档案里面存档。上次我们知道我们的档案最终有两个去向，一种是去接收单位，一种是二分回生源地。那么，报到证也有两种打法，一种抬头打单位，一种抬头打生源地人社部门。抬头打单位的，户档和人直接去单位了；抬头打生源地的流程是这样，人拿着报到证上联和户口迁移证，先到派出所把户口落下，然后再去人社部门办理存档手续，办理好之后再拿着报到证上联去单位报到，单位可以接收档案的，单位出调档函将档案从生源地人社部门调到单位，单位不能接收档案的，档案放在生源地人社部门即可。这么看来，报到证上联用于单位报到及办理户口；报到证下联用于迁转档案。报到证如图 10、图 11 所示。

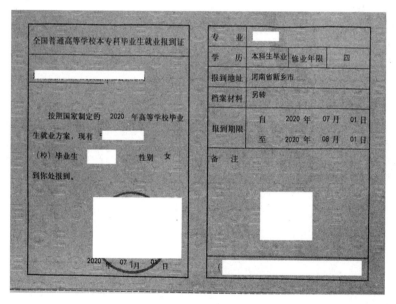

（a）

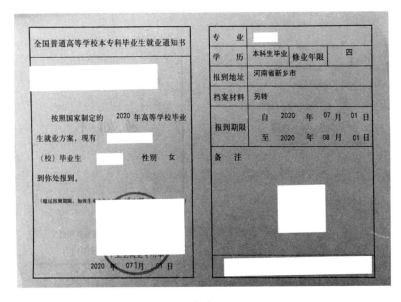

（b）

图10 本科报到证

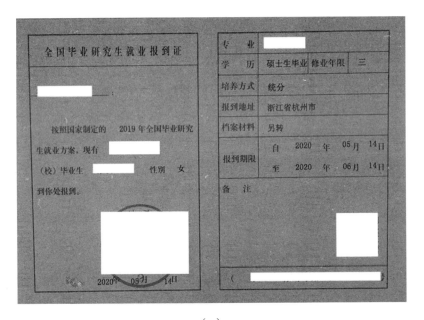

（a）

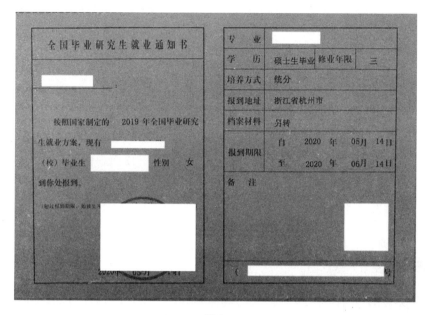

（b）

图 11　研究生报到证

原来报到证如此重要，那是当然，它都放在你档案里面了，能不重要吗？问题来了，如果没有报到证，有哪些影响呢？

（1）没有报到证，户口落不下

落户的时候公安机关要看报到证上联，尤其是你们比较关注的北京、上海户口，报到证是必备材料。

（2）没有报到证，档案没人接

接收档案的时候档案管理部门要查看报到证下联，是存档的必备材料。

（3）没有报到证，工龄没法算

报到证打印时间是你到单位报到的日子，很多单位（尤其是公务员、事业单位和国企央企）以这个日子给你计算工龄。你可能会说现在都按照社保算工龄了，确实如此，虽然有社保，但报到证依旧是重要参考之一。

（4）没有报到证，职称评定受影响

报到证是毕业生纳入统招身份象征，也是你"干部身份"的象征，这个词以前经常用，现在不用了。但是以报到证为起点的转正定级手续依旧存在，它会影响你职称评定。

仔细看下来，这几个神器的使用，三方协议在前，确定就业形式和毕业去向两条线，明确"人去哪儿"和"户档去哪儿"；紧接着根据三方协议去打印相应的报到证和户口迁移证，再拿着报到证和户口迁移证去"报到、落户、寄档"。这样一来，这三个神器把"人去哪儿"和"户档去哪儿"都安排的"妥妥的"。怕你们不明白，再唠叨几句。

签三方"接人又接户档"，按三方协议打报到证和户口迁移证，人去单位报到，户档随转。

签两方"接人不接户档"，报到证二分回生源地，户口迁回家；人去单位报到，户口在家，档案单位需要再去调档（存在能接档案不能接户口的情况，下节内容我们再聊）。

暂时不确定"接不接人和户档"，先不打报到证和户口迁移证，放在学校等消息，确定了再来办。

这样看，是不是就对应起来啦，二条主线+三个神器，助你通关就业手续。但是，这里面还有"七十二变"，下一次我们分析一下"七十二变"给我们带来的常见问题。

就业手续"简单点"，你们最关心的问题

都说就业手续"七十二变"，其实再怎么变化也离不开我们上次聊的"二个主线+三个神器"，弄明白它们，剩下的我们"套公式"即可。下面咱们一起把你们最关心的几个问题"套公式"。

问题一：单位不能同时接户口和档案（能接档案，不能接户口），我能不二分回生源地，把报到证直接打到单位，档案直接寄到单位吗？

问这些问题的同学，一般签的都是北京、上海的单位，因为北京、上海落户有门槛，很多单位能接档案，但没有户口指标，有些孩子户口也没迁到学校，本来就在老家，为什么就不能直接派档案呢？

我们一起来"套公式"。我们上次聊过报到证有一个重要的功能就是"落户凭证"，报到证直接打印到用人单位，在手续上是不是就意味着用人单位已经给你落户了，而实际上你并没有落户。若干年以后，你发展得很好，成为公司的中高层，公司通过"积分落户"或者"调干"等形式帮你解决户口。办理手续查你档案的时候，发现你档案里面的报到证并不是"二分回生源地"的报到证，而是打印到用人单位的报到证，这就有问题了。二分回生源地的报到证是没落成户口的，但你的报到证是打到单位的，从档案材料上看，你已经落成北京、上海或某地区的户口了！这就相当于你因为一时方便，给自己的未来埋了一个巨大的

"雷"。据我了解确实有发展很好的前辈因为报到证等档案材料有问题，而没落成北京户口的。所以，该二分的就二分，档案回到生源地，再让用人单位从生源地调档。

问题二：户档暂缓的利与弊?

这么多年办手续我发现孩子们不管什么原因都喜欢把户档暂缓在学校，我们都知道户档暂缓只不过是一种中间状态，最终都要派到单位或者派回生源地。就像我们都不喜欢延期毕业，户档其实也不喜欢暂缓，因为暂缓对其来讲也是"延期毕业"。暂缓的弊端在哪呢? 还是先"套公式"，暂缓就是暂不打报到证。咱们都知道报到证要放档案里面，它和干部身份、工龄、转正定级等息息相关。暂缓时间越长，被"吃"掉的时间越长，本来应该今年 7 月 1 日打报到证，结果你暂缓了一年，打出来的报到证只能是明年的 7 月 1 日，一年的时间白白被"吃"掉了。给大家举个例子，一位同学本科毕业办入职手续需要暂缓在学校，后来直接选择二战，也没管自己户档关系，在学校放了将近一年，后来我们集中处理的时候帮他迁回了生源地。二战成功上岸，研究生毕业的时候找到某部委的工作，某部委政审查档案的时候发现报到证晚打了将近一年，询问他这一年去做什么了，为了这被吃掉的一年，他找原来工作的单位、找原来学院开了一堆证明，这才把这事解释清楚。折腾了一大圈他感叹了很久，"以后该怎么办就怎么办，错一点就给自己挖了这么大一个坑"。

你可能会问，"既然那么多师兄师姐想将户档暂缓在学校，肯定有好的地方"。对于已签三方正在等户口指标或者签两方等着办入职手续的同学们来说，确实挺好的，先暂缓在学校短短几个月，等户口落地直接办报到证，不用毕业先二分回生源地，再从生源地改回来，这样手续简单、不折腾。但是很多同学并不这么想，我和不少同学们聊过，他们愿意把户档放在学校的原因有两点。第一，担心自己二分回生源地就不是应届生身份了；第二，担心一旦打了报到证就不能改了。关于应届生身份，之前和大家聊过，这其实不取决于学校和毕业生，取决于用人单位，不同单位认定标准不同，有的比较严格就只认应届，有的宽松一点两年内都算。其实，对于教育部门来讲，一直有两年择业期的说法，这段时间被火热关注的"户档可在学校暂存两年的政策"，其实学校、教委等教育部门这么多年一直都在以两年内可改派的政策执行着。改派政策是这样的，派到单位违约再改另外一家单位，未完成转正定级，一年内可改；二分回生源地后找到单位接收，两年内都可以改派到单位。报到证两年内符合规定的前提下是可改的。很多孩子不了解，所以害怕打报到证，都想留在学校，留着留着自己就忘了，很容易成为"黑档黑户"，后面给自己带来更多的麻烦。所以，户档暂缓要实事求是，确实需要几个月暂缓过渡一下的，绝对是好事；找理由先放在学校等等再说的，还是建议尽早二分回生源地。

问题三：暂缓等待北京、上海等户口指标，后续手续该怎么办呢？

聊办手续之前，先小科普一下你们最爱的户口指标。

上海户口是积分制，根据积分规则我们大体能算出自己拿到户口的概率，拿到入沪通知书（黄色纸质联）来学校办理户档迁移手续即可。一般来讲要先到学校就业部门打印报到证，然后拿着报到证去学校户籍部门取户籍卡，再到学校所在地派出所打印户口迁移证（户口在生源地的孩子，拿着入沪通知书去生源地派出所办户口迁移证），档案学校会邮寄，把报到证和户口迁移证返给单位即可。

北京户口是指标制，能不能有指标由用人单位决定。指标来源主要有两个渠道。

（1）国务院各部委、直属机构及在京中央企业，由人社部批给单位，因为接收函是绿色的，我们俗称"绿卡"。绿卡分三联，第一联为接收函存根（见图12），毕业生自己保留；第二联为接收函（见图13），由学校留存，并报上级主管部门为毕业生打印报到证；第三联为进京审批回执，学校盖章后返给用人单位。关于"绿卡"办理流程是这样的，用人单位将绿卡发给毕业生（在第二联接收函上盖章），毕业生持绿卡到学校盖章，学校留存第二联，在第三联上盖章，并返给毕业生，毕业生将第三联返给用人单位。

（2）北京市属单位，由北京市人力资源和社会保障局批给北京市属单位，接收函是北京市人社局的红头文件，我们俗称"红头文件"。拿到这个就拿到了户口指标，将"红头文件"复印件直接返给学校，学校办理报到证即可。

问题来了，一般多久能拿到指标？拿到户口指标后，手续该怎么办呢？

"绿卡"一般相对比较快，主要集中在7月到9月，往后陆续也会有；"红头文件"相对不集中，最晚应该不会超过第二年的3、4月份。具体流程如下：

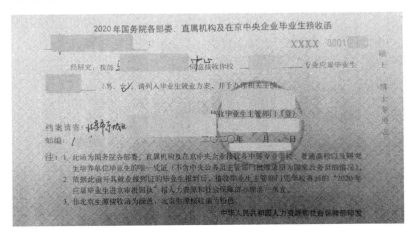

图12　接收函存根

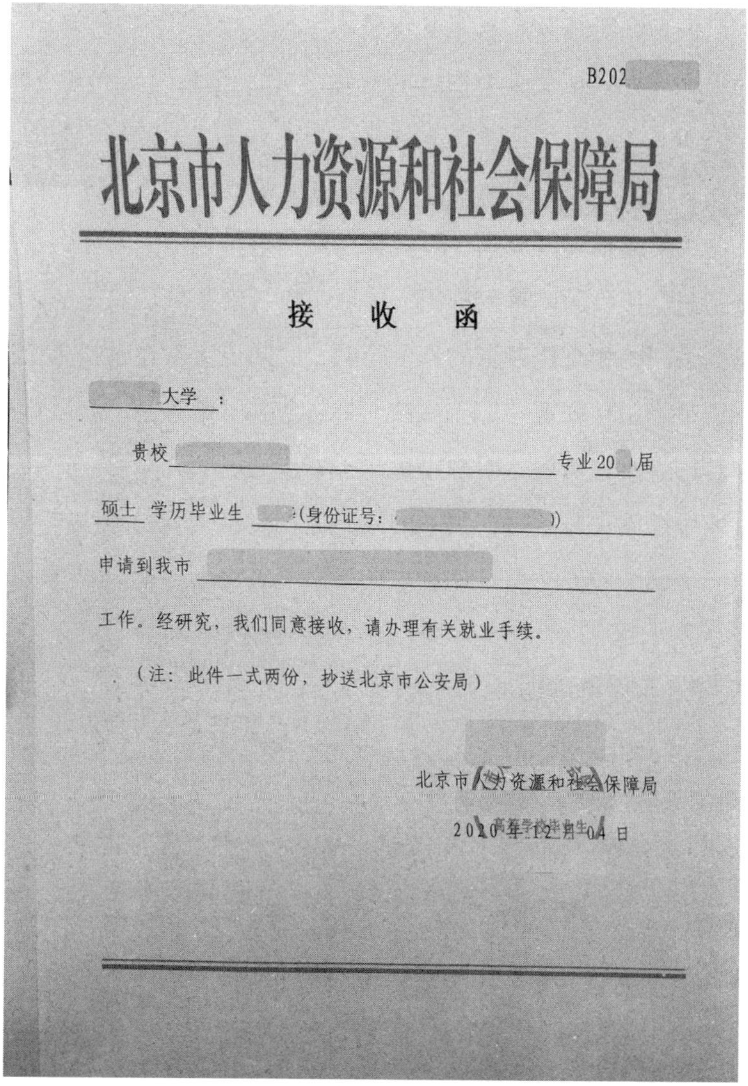

图 13 接收函

①绿卡或红头文件提交至学校就业部门；②学校就业部门上报教委打印报到证；③毕业生持报到证去学校户籍部门领户籍卡（户口在生源地的孩子，拿着报到证和绿卡或红头文件去生源地派出所办户口迁移证）；④将报到证、户籍卡（户口迁移证）一起交至单位，由单位办理

后续落户事宜。

　　既然谈到户口，不得不提这几年火热的"抢人"大战，不少省市区为吸引人才，都推出很多人才新政，其中重要一条就是开放的户籍政策。很多同学按人才引进政策把户口放在天津、杭州、深圳、西安、成都等，这些手续都比较成熟，需要你们先到落户城市把人才引进手续办好，拿到户口接收函或者调档函，再回学校打印报到证。

　　以上是问的相对比较多的几个问题，我知道大家还有很多个性化的问题，还是希望大家把"二个主线+三个神器"弄明白，知道背后的逻辑，你自己就能想明白，授之以鱼，不如授之以渔。

　　就业手续就先聊到这，剩下的问题你们自己"套公式"。

就业手续"简单点",聊聊毕业后的就业手续

每年的 7 月 15 号是个比较关键的节点,按照往年的情况来看,各大高校基本上完成了毕业生的就业手续办理工作,用人单位也都陆续组织毕业生到单位报到,很多单位用 15 号这个时间点开始为毕业生算工资、交社保。可以说,15 号之后的你们双重身份叠加。从学校等教育部门来看,你们还在择业期内;从用人单位看来,你们已经是试用期的准同事了。在这双重身份叠加的特殊时期,我们怎么来理解一系列就业政策,又该怎么办理相关的就业手续呢?根据现行的政策和自己的经验,我来聊聊自己的看法。

我们先把时间线给大家捋顺了,从时间点来看看我们身份的转变。

1. 两年择业期

从学校等教育部门来看,一直有两年择业期的说法,这是什么概念呢?毕业时你没有找到合适的工作,户档二分回生源地;毕业后两年内如果你落实了能接你户档的工作单位,教育部门能够将你原来二分回生源地的报到证更改成你最新用人单位的报到证。

2. 一年改派期

毕业生时你报到证打印到 A 单位，户档也都到了 A 单位，在 A 单位未给你做转正定级手续前，你觉得自己不太合适从事 A 单位的工作，与 A 单位友好解约。去 A 单位的 1 年内，你找到了 B 单位，教育部门可以为你把报到证更改为 B 单位，这就是"更改派遣单位"，也就是我们俗称的"改派"。这个期限是派遣一年内，毕业两年内，但是有三个条件，原单位同意解约，未做转正定级，符合学校违约政策。

3. 转正定级

这个手续很重要，但是现在提的比较少了，也有部分省市或单位取消了，现在提的比较多的是社保、劳动合同试用期等，其实在逻辑上是一样的，它是我们变成"社会在职人员"的一个分水岭。做了转正定级，在教育部门看来，你就是"社会在职人员"了，你工作调动的相关手续可以走社会在职人员调动。举个简单的例子，你已经工作了十多年，现在要换工作，你肯定不能回学校让教育部门给你改报到证吧。所以，转正定级手续就是我们从毕业生向社会在职人员转变的一个关键节点。一般来看，你入职后的 3~6 个月内，最多不超一年，用人单位会做转正定级手续，这也是为什么教育部门把改派期放到一年的原因。

1 年改派期+2 年择业期+转正定级，这些时间点我们应该明白了，总结一下：

如果毕业离校时户档暂缓在学校或未落实单位户档回生源地，毕业后两年择业期内找到单位可以派遣或改派到新单位。

如果毕业离校时户档派到用人单位，未做转正定级，原单位同意解约，符合学校违约政策，派到原单位一年内，毕业两年择业期内可改派到新单位；做了转正定级，原则上就要走社会人员在职调动了。

说了这么多，我们来聊聊毕业后这短短的 15 天内同学们咨询最多的问题。

问题一：在京找到不接收户口的单位，而自己很看重北京户口，想先工作再找找，如果找到了我还能顺利落户北京吗？

按照我们上面说的，不接户口毕业时应该办理二分回生源地的手续，拿到北京市户口指标，原单位同意解约，是可以办理派遣到新单位报到证的。但是，我们要关注几个重要的点。

（1）按照往年的经验来看，应届户口指标最晚在当年年底，极个别会延续到第二年 3 月份左右，再靠后的我们工作中很少见到。往届生跟着下一届拿到指标的情况就更少了，也就是说越往后拿到落户指标的可能性就越小。

（2）你工作期间用人单位一般会和你签订劳动合同，也会给你缴纳社保，档案从生源地调到单位之后，还会做转正定级手续。而这些都有可能会成为审核你落户指标的不确定因素。

先说转正定级，我们上面说过做完转正定级手续，原则上你就是社会在职人员，户口指标不应走毕业生渠道了，应该走社会在职人员调用。

再说社保记录，我们都知道北京户口审批部门一般会看我们在学校期间的社保记录，那毕业后择业期的这段时间的社保记录呢？往年来看应该问题不大，可能是我杞人忧天，总感觉近几年可能会比较特殊，大批的孩子都在边工作边等指标，如果指标有限而这批孩子又特别多，毕业生后择业期这段时间的社保记录可能会成为不确定因素。

对于这些不确定因素该怎么判断呢？如果毕业后择业期社保记录有影响的话，我个人觉得肯定是越往后越危险。还是身份判断的问题，我们知道一般六个月左右就会涉及转正定级手续，而转正定级就意味着身份的转变，再加上往年户口指标审批的时间节奏，我个人认为超过当年年底就会比较被动了，想再找找等户口指标的同学，理解你们想再找的心情，但还是要看好时间，该做决定还是要做决定。

问题二：毕业时户档回生源地了，两年内找到工作了，还能再改派吗？

户档回生源地，两年内落实工作，可以回学校改派由学校签发到用人单位的报到证。如果是生源地的工作单位，可以选择由当地人社局进行改派，也可以选择回学校改派。非生源地的工作单位一般由学校进行改派。

问题三：一年内的改派有地域、行业或者次数限制吗？

我们知道改派其实就是调整就业单位，直白一点就是违约，关于违约各个高校都有各自不同的违约政策，在遵循本校违约政策的前提下，如果学校没有具体流向、次数的限制，改派是没有这些具体限制的。当然，诚信和契约精神是职场工作的根本。

这段时间咨询就业手续的同学特别多，很多都是棘手的"硬骨头"，多方打听、咨询，再加上这些年处理就业手续疑难杂症的经验和教训，给大家分享以上自己的看法。就业手续个性化很强，不确定因素也比较多，有的时候很难一概而论、板上钉钉，谨代表个人看法，有不足之处请大家批评指正，也欢迎有问题的同学们来探讨。

第六部分 **06**

│ **行业与故事** │

在帮同学们做咨询的时候，被问起职业选择，我一般会习惯性地问一句："去掉那些叱咤风云，这个岗位所带给你最普通的工作和生活，是你喜欢的吗？"为什么这么问？大事都是小事积累的，伟大都是平凡铸就的，能做好平凡人、平凡事，其实已经是一种不平凡了。我用文字、微信、电话等形式访谈了一些我心中不平凡的人，让他们介绍一些他们工作岗位上的平凡事，以此来帮助大家更接地气地认识岗位。

关键词：行业

有朋自远方来——和老朋友"金融"叙叙旧

这几天，陆续接到同学们的电话，给我出了一系列选择题，于是我们一起画了不少画像，在不同的行业和岗位之间跳来跳去。我今天仔细梳理了一下，发现其实大部分还是跳不出咱们的老朋友，既然是多年的挚友，那么今天就和老朋友"金融"叙叙旧。

既然是老朋友，咱们就直奔主题，从被问得最多的两个问题入手。

问题一：老师，金融机构怎么选，做哪些业务比较好？

金融业太过庞大，掰开揉碎地说估计得到天亮了，这里我们按业务类型大体划分成八类，来大体解说，之后我们再专项聊。

1. 商业银行

银行是金融的航空母舰，业务线相对比较全，可选的岗位类型也比较多。营业部这条线有大堂经理、柜员、客户经理；零售业务这条线有个人金融、信用卡、电子银行；资金业务这条线有金融市场、投资银行、资产管理等。银行业每年招聘量比较大，对专业要求比较友好，对于非财经专业的孩子来讲，是初入金融业很好的选择之一。个人认为银行业优势在于能够掌握优质的客户资源及积累丰富的业务经验，能为未来职业转换夯实基础。

2. 投资银行

典型的卖方业务，主要是投行项目承揽、承做和承销，为企业提供直接融资服务。业务更多倾向于前台部门，工作强度大，个人产出高，能够在短期内让你的职业技能得到极大地磨练和提升。当然竞争也比较激烈，专业要求也高，需要系统学习过金融、投资、财务、法律等专业知识，最重要的是人际沟通能力一定要强。

3. 买方投研

投资家的起步，主要包括公募基金、保险投研、自营投资等，需要给出实打实的投资决策，选取投资组合，制定投资策略。当然可以借助卖方研究的力量，所以不用面面俱到，一般需要专攻几个相关的行业。

4. 资管机构

随着大资管时代的到来，信托公司、券商资管、基金子公司等资管机构成为同学们追逐的热门。如果希望职业有较快发展，又想兼顾专业，且不愿意像投行那样承受比较高的工作强度，资管是个不错的选择之一。

5. 保险公司

近年来，国内保险机构迅速成长，再加上外资保险机构也积极进入，保险业一直处于上升趋势。而保险相对低成本的巨量资金，也一直吸引着各大机构，整体来看，保险行业未来发展空间很大。综合来看，保险公司的工作强度与商业银行类似，如果能够兼具扎实的营销和风险管理经验，那么会更加如虎添翼。

6. 私募基金

业务主要为私募股权投资、风险投资、对冲基金等，私募基金整体来看，因为本身从业人数较少，单人产出很重要，所以更看重综合素质及实际操作经验。对于应届毕业生们，由于工作经历和阅历相对较少，还是有较高门槛的。

7. 实业投融资部门

主要集中于上市公司或大型国企集团，因为脚踩资本市场和实业产业，因此在资本市场的发展有更稳固的立足之地，并且国企等大型企业集团一般都具有雄厚的资金实力，在资本市场的地位也比较高。如果能够全程参与企业的再融资工作，将非常有益于未来的职业发展。

8. 互联网金融

金融创新的热点，一般需要四类人，传统金融人才、金融产品研发人才、互联网技术人才和运营推广人才。作为传统金融人才的你们主要是为互联网金融平台提供更多的底端传统金融资产。

9. 金融监管机构

适合意愿继续从事专业且想从政的同学们，发展方向可以参考公务员或事业单位，优势在于能够深入了解金融监管规则、参与制定创业的金融业务规范，人脉资源丰富，个人发展和提升空间大。

问题二：老师，金融机构内部的前中后台该怎么选，哪个最好？

1. 前台部门

一般是指直接创收的部门，需要直接面对客户，为客户提供专业服务。个人认为，金融机构内部资源会更多地向前台倾斜，中后台也主要是支持前台业务，因为创收往往是核心。从这个角度来看，其实投资线业务也算是前台业务。前台大致可以分为业务人员、销售人员、研究服务等。前台业务相对收入较高，但承担业绩指标压力，挑战性比较大，需要有较强的沟通技巧、心理承受力和出色的洞察力。

2. 中台部门

主要是为保障前台部门业务和为项目提供支持，一般为产品支持、风险控制、合规法务、投后管理等。中台部门技术派出身，不承担业绩指标，但有考核压力，更重视专业能力，专业能力越突出，积累越丰富，会越来越不可替代。整体来看，职业上升空间较大且工作节奏比较平稳，适合希望在家庭和事业中寻求平衡的同学们。

3. 后台部门

主要为前台和中台提供支持，提供公司整体运营服务，主要包括人力、运营、信息、财务等行政部门。除自身岗位要求专业素质之外，同时需要具备一定的金融专业知识能力，尤其是对各业务线要了解、熟悉。

分析了这么多，那这两个问题的答案是什么呢？

其实还是那句老话"寻找最合适的"，业务和岗位本身就没有好坏之分，最重要的是要看对你是不是合适，求职本身就是个性化极强的事情，简单来说，对于我们自己，最适合的才是最好的。

所以，今天我们简单地聊聊老朋友"金融"，只不过是抛砖引玉，最重要的还是你们自己去做"画像"，基于自己的职业规划，去做选择。

接下来看你了，去找适合自己的"老朋友"叙叙旧吧！

有朋自远方来——老铁"银行"

这几天就业中心邮寄签约手续的量越来越大，看了一下签约情况，和往年情况差不多，"老铁"银行一如既往的给力。我和一些签约的孩子聊了聊，问了问他们拿到 offer 的全过程，发现不少孩子一开始也不是很了解，也是在边求职边认知。我觉得还是有必要提前认识一下，所以整理一些之前同学们提的问题，并针对这些问题问了一些银行的前辈，查了一些资料，谈谈对这些问题的认识。

银行主要分为政策性银行、国有商业银行、股份制商业银行、城市商业银行、农村金融机构、外资银行等，而我们签约比较多的是商业银行，所以我们主要说说商业银行，关于政策性银行，我们有机会再聊。

问题一：老师，银行主要岗位有哪些，发展路径怎么样?

从校招来看，不同业务线的岗位不同，具体有以下几类。

1. 管培生

每个银行的管培生具体培养计划多有不同，但是培养基本逻辑大同小异，一般都是"网点基层岗位+业务核心岗位+网点管理岗位"三级跳的培养模式，最后经过培养期的考核再最终定岗。

2. 营业部条线

岗位主要有大堂经理、柜员、客户经理（对公、对私、个贷）等。

3. 零售业务条线

个人金融部、信用卡中心、电子银行部等。

4. 资金业务条线

金融市场部（市场分析、投资交易、同业业务、衍生品及贵金属交易等），投资银行部（发行类业务、财务顾问类业务、杠杆融资类业务），资产管理部等。

5. 风险管理条线

信贷审批及管理部、法律合规部、稽核部、资产保全部等。

6. 综合管理条线

计划财务部、人力资源部、信息技术部等。

7. 其他业务条线

公司业务部（公司信贷、对公存款、外汇等），国际业务部（国际结算、国际信贷与投资、外汇交易等）。

看到如此多的业务线和岗位，你们知道为什么都管银行叫金融"航空母舰"了吧！业务条线丰富、内部风控和管理规范，再加上成熟的培训体系，让银行成为很多孩子踏入金融业的第一步，尤其是对于非财经专业的孩子，发展路径都有哪些呢？我们从内部、外部两条线来看。

内部来看，管培生和资金业务条线的岗位路径你们了解较多，不多说了，相比而言，问题最多的就是柜员和客户经理。柜员一般有两条比较明确的方向，在柜面会计条线做出标杆，从支行会计主管一路往上发展，或者转岗客户经理，往营销走。对于客户经理来说，也有两条比较明确的方向，一条在客户经理上深耕，做到高级客户经理和私人银行顾问，再一条就是往上级业务部门转，比如对公转公司业务部，对私转私人金融部等。

认真讲故事：之前我上职业生涯规划课认识的一个同学，非财经专业，本科毕业后在某银行北分工作，客户经理做了三年左右。我是真的能够感受到她的成长，专业做得很好，业绩也不错，她的朋友圈中，不管工作还是生活都能感受到满满的幸福感，我相信再经过几年的积累，她会有一个质的飞跃。

外部来看，在银行积累的优质客户资源及丰富的相关业务经验是未来转岗最大的优势。一位前辈给我讲过自己的故事，自己在银行业务线最大的收获，除了扎实的业务基础外，就是广泛的人脉资源，他人生中几个重大事件都能找到客户推他一把，给他业界最专业的支持或者建议，比如买房、买车、职业转换等。一般来讲，有优质的客户资源和扎实的业务经验，外部转换往券商或信托公司优势比较明显，如果熟悉投行线和产品线，做二级市场或其他资管机构，会更加如虎添翼。

问题二：老师，银行招聘流程都是怎样的，要怎么准备呢？

银行的校招一般流程是网申+笔试+面试（形式不太相同，一般会有无领导小组）+实习。重点说一下笔试，笔试内容一般为行测（言语理解、判断推理、数量关系、资料分析等）+专业素养（经济学、金融学、会计学、统计学、财务管理、国际金融、国际贸易、计算机、市场营销、时事政治、银行基本知识等）+英语（大部分为托业类型）+性格测试。行测一般题量比较大，所以一定要提前准备，一定要掐时间进行专项练习。

和很多 HR 聊过之后，总结了一下，有这样几个观测点。第一，形象好、气质佳，在行为礼仪、待人接物、言谈举止上要多注意；第二，沟通能力、学习能力很重要，尤其是持续学习的能力，其次是你的态度，对这份工作的态度，做事的态度，是否能够脚踏实地；第三，你的在校成绩和校园活动是重要的观测点，要体现出你在大学期间是在认真学习，有积极向上的学习和生活态度；第四，如果有相关的实习和专业证书（CPA、CFA 等），这些都会是你的加分项。

之所以"老铁"来自于师兄师姐的靠谱，我相信未来有你们脚踏实地的耕耘，"老铁"更铁！

HR 视角看银行校招，给准备投银行的你们

春节前这几天，一般银行都会陆续官宣，开启了自己的春招。银行作为"金融业航母"，每年的校招量是绝对的主力军。作为应届毕业生，尤其是财经领域的毕业生，感觉没参加过银行的校招总觉得自己的求职缺点什么，而对本科的同学们来说，银行更是我们备战的重点。但是，不少同学为了准备考研错过了整个秋招，求职基本零经验，为了能让这类同学更多地了解银行校招，这里访谈了一些银行的"老铁"，并结合自己的一些感受，和大家聊聊怎么备战银行校招。

1. 关于简历和网申

关于简历，HR 们提的比较多的是学习能力，学习能力体现在哪呢？不只是我们的成绩、考证，HR 会关注我们简历里面的每个角落。比如我们参加的竞赛、参与的社团活动，是怎样从 0 到 1，怎样通过学习和努力变"陌生"为"精通"。用通俗的话讲就是："一看简历脑海里就能勾勒出同学们大学期间的生活，不是混日子的，而是一直在努力学习，积极向上的。"这才是我们需要通过简历向 HR 传递的东西，这才是我们投银行写简历的核心思路。问题又来了，"老师，那实习呢？"概况来说"实习是加分项，不是淘汰项"，有些银行单位并不是我们想的那样，特别看重实习经历，其实有更好，没有也可以，我们要相信银

223

行积淀多年且非常成熟的培训体系。

其他的观测点还有哪些呢？荣誉证书加分、学生工作加分、特长爱好加分、能歌善舞加分。总的来说，银行的 HR 更看重全面，更看重综合素质。本科的同学们千万不要因为没有相关实习而不去投，只要突出自己的学习能力，用心写好自己的每一段经历就好。

网申思路和简历差不多，有个小细节要特别注意，网申的时候会让我们传生活照，这里的生活照可不是在家里或者宿舍开个美颜随手拍的。我们要想清楚自己选择这张生活照的理由是什么？要向 HR 传递什么？"我是学霸""我是运动健将""我是歌手""我是摄影师"，这样的生活照才会成为我们的加分项。

2. 关于笔试

关于笔试的内容之前和大家分享过，一般为行测、综合专业知识、英语等，只要我们好好准备，过的概率很大，不少银行其实都是资格考试，并不是为了淘汰很多人。这里要特别提示一下，多关注热点，比如数字经济背景下银行业的变革和发展等，因为我们在以往更习惯"啃书本"，而热点和趋势很容易成为我们知识的"盲点"。

3. 关于群面

银行用无领导小组讨论这种面试比较多，虽然每家银行的侧重点有所不同，但整体而言，都比较看重语言表达能力和团队协作能力，尤其是团队协作能力。通俗点说，"我们既不能为了抢 leader，盛气凌人、一家独大，也不能唯唯诺诺、一言不发，而是要找到这其中的平衡点，用亲和的态度和感染力与团队成员一起完成任务。"这其实不难理解，未来我们在银行面对的是客户，谁都希望和客户沟通的工作人员能善于协作，并且亲和力强，没有距离感。

4. 关于 HR 面

我们都知道 HR 面侧重综合素质，主要的观测点呢？主要是以下几个方面。

是否有解决问题的能力。HR 会让我们分享一段自己印象深刻的经历，实习经历也可以，学习经历也可以。

是否对行业和企业有一定认知，是否对公司足够重视或很有诚意。HR 一般会问我们"对企业了解吗""为什么选择我们银行""为什么选择这个岗位"。

是否对职业有规划。HR 一般会问我们"拿到几个 offer，有什么打算，未来三到五年有什么规划？"

是否对生活和工作有热情。HR 一般会问我们"有什么兴趣爱好，平时和朋友们都做些什么？"

其他还会问到"谈谈个人的优点和缺点""对加班的看法"，等等。

总的来说，我们要向 HR 呈现的是，"我很踏实能吃苦，有学习能力，也有解决问题的能力""我投你们是经过深思熟虑的，在我的规划范围内，我稳定性挺强的""我热爱生活，是个有趣的灵魂"。

5. 关于业务面

我们都知道业务部门更侧重专业能力，他们比较偏爱问简历当中比较细节的点，尤其是实习经历，我们只要写了就一定要能自圆其说。同时一定要做好调研，主要是行业热点、发展趋势，各银行间的业务特点和优势等，尤其对实习经历少的本科同学，银行没有办法问我们的实习经历，所以这部分就一定会问。我们要呈现什么呢？和 HR 面一样，有的时候其实答案本身并不重要，更重要的是我们面对问题时的态度和思路。我们是不是积极主动，我们是不是踏实肯干、吃苦耐劳，我们是不是有空杯心态，愿意从基础做起等。

6. 一些建议

（1）关于面试

自我介绍是每个环节都会有的，想胜出就要有特色，面试官每天面试很多人，有特色的自我介绍会让疲劳的面试官如沐春风，神清气爽，印象深刻，比较好的方式就是用关键词给自己贴标签。面试前一定要做足功课，了解企业和岗位，让面试官觉得我们态度端正，足够重视。穿着要得体，男孩千万不要邋遢，女孩建议画个淡妆，银行比较看重形象气质，记住，笑容是可以感染他人的。面试官问你一个问题，实在不会的话可以诚实地回答，然后礼貌地去寻求面试官另外一个问题，除非面试官问你有什么问题提问，否则尽量不要反问面试官问题，不然只会适得其反。

（2）关于定位和发展

初入职场的同学，不管在哪个岗位都要从头慢慢学，不要排斥基础工作，而是应该多去分析基础工作背后的逻辑。不少同学比较排斥做柜员，其实现在各大银行都缩短了柜面时间，非柜员岗位基本上都是 1~2 年的时间，之后就轮岗了，这一到二年的柜面时间是夯实基础的。银行作为"金融业航母"，其中的优势就是岗位相对较多，有分行、分行下面还有支行，只要够努力，在各个层级里供我们锻炼的机会还是很多的，走到负责人岗位的机会自然也会多一些，没过几年我们就会发现，同一批进来的基本上都轮岗了，这可能就是银行相比其他金融机构的优势。

不同的银行关注点会有所不同，一定会存在差异性，我这里把访谈中一些共性的东西提炼出来和大家分享，助大家一臂之力。

226

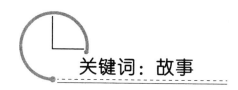

关键词：故事

平凡人的平凡事，聊聊机关财务

1. 关于求职结果

考研失利后，春招逆风翻盘找到一家大国企的二级公司，解决了北京户口，结果还是非常满意的。工作这几年，主要从事国企机关财务工作，因为自己工作努力，专业底子扎实，还是很受器重的。平时和身边小伙伴们聊，大家状态基本差不多，我们学校毕业生的实力还是很强的。签约之前其实也不知道工作之后具体要干什么，工作之后有得有失，有特别有趣的事情，也有自己比较后悔的事情。其实没有哪个岗位、哪份工作是完美的，关键看是否适合自己，自己能不能去适应。

2. 关于工作内容

从我的工作经历和视野来看，因为主营业务不同，岗位名称和工作内容会有差别，但整体来看一般国企财务分为这么几个岗位。

（1）项目会计

它需要扎实的基本功及项目经验，一般需要去项目现场至少一年，熟悉项目整体流程。其次一家单位有一家单位的做账方法，习惯了就好，会和书上的有很大差别，一切为了统计数据方便，记得自己的项目要熟记现金流。

（2）税务会计

用大白话说就是报税的，每个月中记得按时报税，基本功开发票，税收筹划的知识用得不多，日常工作相对也比较清闲。

（3）报表会计

工作内容主要对上级及国资委、统计局等报表，日常职责就是做报表，资产负债表、利润表、现金流量表，其中现金流量表是最不好做的一个。还有就是上级下发的各种文件，需要随时应对，大的任务量主要集中在月初的五天内，剩下的就是等上级通知，随时应对。

（4）费用报销会计

我认为这是财务的最后一道防线。主要负责单位员工的日常报销，日常工作量较大，比较机械单一。一定要熟悉报销管理办法，严格把控，坚守住最后一道红线，不然等到检查的时候挨个退钱就很痛苦，这个时候你要做很多很多的账以及贴凭证。

（5）资金类会计

整天跑跑跑，主要负责整个企业的资金，你能想到的和钱有关的活他都会去干，每天都在去银行的路上以及回来单位加班的路上，白天大部分时间都在跑银行，只有晚上回去多干一些，才能保证工作正常完成。这项工作要有很强的沟通能力，需要协调上级、公司其他部门、银行等。

3. 关于工作和生活状态

每个企业的情况不同，但整体来看我们还是忙中有闲的。不集中忙的时候能正常上下班，周末也没有加班，大家氛围也比较轻松。食堂有早中饭。请假的话提前和领导汇报，无极特殊情况都会准假。生育假也不错，都能够休足。多说一句关于户口的情况，即使你不是应届生，只要你足够优秀，单位大概率也会通过人才引进帮你想办法解决。整体来看，稳定、稳定、稳定，缺点就是工资水平确实一般。

4. 一些遗憾

能在学校入党最好不过。重要的事情说三遍，有时间的话一定要多考证书，CPA 虽然不强制，但绝对是你日后工作中最锦上添花的部分，同时中级也一定要尽早拿下。关于学历层次，自己也一直在准备，计划考取咱们学校非全日制的在职会计研究生，在遍地研究生的时代，还是要不断地学习，给自己更多的加分项，才能给自己更大的上升空间。

5. 一些感受

财务是最后一道防线，来自各个部门的非议、意见和压力也比较多，一边会说你管控不严，一边又嫌你管得太多，付款不及时，业务办理不及时等，一想到钱就会找到我们，有的时候可能不是自己岗位职责的事，也会被拉着干。其实不光我们，只要是工作都会有类似的问题出现，最关键是如何有效地应对这些，背负的越多也就成长越快，有的时候你会发现管理艺术就在于这些琐事间的博弈，而这些就是我们工作后特别需要去修行的。

工作中最容易、最怕的便是和身边的人一起去混日子，每个人的情况都不一样，可能拉你混日子的人已经有两三套房了。所以，一定要坚守自我，努力成为一个自己想要成为的人，而不是被身边的人所同化。我一直记得我的领导对我说过这样一段话，意思大致如下：不要去推脱，要想办法去解决，推来推去又有什么意义呢，最后还不是会把问题解决。在工作和生活中一样如此，在自己岗位职责范围内做到自己能做到的最好，在生活中也要做到最好的自己，遇到问题去解决便可！

平凡人的平凡事，聊聊券商清算岗

1. 关于求职结果

本人现就职于某头部券商的清算部，实习经历集中于券商投行和基金研究部门，在选择 offer 时也包括保险、私募和央企等，来到现在的公司和岗位也是各种机缘巧合。

2. 关于工作内容

券商后台的工作对于同学们可能相对比较神秘。更多的同学在实习时更容易接触投行或者行研等岗位，在求职过程中也往往会选择与实习经历相关的前台岗位。不过券商后台岗位同样在券商的发展中发挥着重要作用，当个人性格和品质与岗位契合时，潜心投入其中，同样能够在工作中找寻到成就感和乐趣，实现自身价值。下面结合个人工作的经历和认知，分享一下券商后台的工作感受。

各券商对于中后台部门的职责划付差异较大。以清算部为例，有的券商会统一设置运营部；在一些券商，清算部部分职能也会分割放置于资金运营部、财务部，以及前台部门的运营组中。整体而言，以我所在的公司为例，清算部承担着资金交收、清算和估值等职能。具体看，在一级市场，当债券发行完成前期材料制作、申报以及寻找投资者等环节，最后会落实到资金的划转，包括牵头主承销商收集投资者的认购资金，并将募集资金划付给发行人，而完成资金划转的职责便是由清算部承担；在二级市场，个人投资者会在券商开户、交易，清算部会负责账户管理，以及清算投资者账户中的证券和资金。公司为主体的拆借、债券投资，以及场外的期货、大宗商品以及理财产品购买，清算部负责执行交易员的指令。总之，清算部的工作与前台每个部门和公司的每项业务都息息相关，也基本都是每个流程的最后一环。

3. 一些感受

与前台工作相比，清算部等中后台岗位工作会相对更加单调、规律，创造性的工作比重少，但因清算部工作会直接关系客户或交易对手方的资金，操作风险要求高，更看重熟能生巧、突发事件的解决以及对当前工作流程和方式的优化。工作中可能会缺少项目或报告完成、创造利润以及获得投资收益的喜悦和满足。

后台工作虽然不如前台光鲜，同样对专业素养要求高。中后台的工作与生活会面临更少的压力、忙碌和颠簸。因为外在的推动力会更少，在工作中的成长和进步更多来自个人的主观意识和能动性。每一项资本市场改革，大至科创板的创立，小至交易规则的变化，每一项变动都与券商中后台的系统和流程密切相关。因此，作为中后台从业人员需要对结算规则、制度变化能够有准确的理解，并在个人的工作中及时反应，严控规则或制度变化为公司带来的风险。想成为一名优秀的券商中后台从业者，同样需要注重积累知识和个人专业素养的提升，从而对市场变化有着准确的理解，对个人工作有着深入的思考。诚然，中后台的工作可能缺少前台工作的成就感，薪酬缺少竞争力，但是热爱和专注同样会获得来自工作的踏实感和满足感，同样更多的是工作之外也能让你感受生活中的乐趣。

4. 一些叮嘱

找工作的过程贯穿了上学、实习以及就业季，因为过程的漫长也就存在着众多的变数，也面临着很多选择。在变数和选择中，我们也会主动或被动地进行着思考。选择一份工作，同样也是选择生活；当拥有了选择的权利，也就可以试着思考和选择自己适合怎样的生活。工作没有绝对意义的好坏之分，只有适不适合。能够在自己所从事的岗位中获得乐趣，能够通过专注和积累成为所在行业的专家和精英，也就能获得工作上的满足感。

努力工作、认真生活，找寻工作和生活的平衡点，未尝不是一种好的选择。

平凡人的平凡事，聊聊银行的那些岗位

1. 关于求职结果

因缘际会，来到了一家国有银行总部工作，入职以来，接触过基层业务，也涉猎过一些中后台工作，几年时间，走马观花一般地体验了不同层级机构、不同业务条线的诸多岗位。见过了很多人，也见过了很多事，听了很多前辈的经验，也听了一些透着无奈的哀叹，细究之下，这几年还是成长了很多。回想当时求职时会有这样的心态，只要找到工作就万事大吉了。现在再回看，当时是多么的青涩，求职结果只不过是另一段全新旅程的开始，要促进学习的、要促进成长的中情反而越多。

2. 关于求职选择和校园招聘

关于想要分享给师弟师妹的内容，我想了很久，涉及银行求职，内容很多，但又不知道该聊聊哪些东西，或者说哪些东西才是大家关注的、对大家有用的，加之不同银行的做法也都不一样，参考性也有限。本着"懒人"的一贯作风，想着就搞个大锅饭，把我这些年见到的、感受到的，都分享给大家，多涉猎一点，供大家批评，当然这些内容都是自己的所见所感，仅代表个人观点。

提及在银行工作的感受，对比当时在券商、基金以及其他央企、国企的实习感受，再横向对比了一下在体制内摸爬滚打、在市场上呼风唤雨的同学们，简单用一句话来总结吧，"每个人适合的不同，选择自然也不同，银行在有些人看来往往不是最好的选择，但回头再看有时却是个最平衡的选择"。

（1）银行的机构设置与求职选择

回到求职的话题，如果选择来银行，最好提前想清楚自己的具体目标，是总行、直属机构还是分行？是做前台、中台还是后台？

银行总行尤其是国有银行总行，较分支机构而言，平台相对大一些，起点略高，业绩指标压力小，但工作自主性较低（大家都是行里一块砖）、工作强度较大，以事务性、文字性和研究类为主，主要从事战略规划、政策制定、统筹管理，管理服务属性更强。同时，收入相对固定且有限，且校招竞争压力明显较大。

直属机构主要包含银行的利润中心、卡中心、单证中心、信息/研发中心、内部培训机构等。直属机构性价比较高，薪酬福利往往同步或领先于总行，晋升机制也与总行较为类似，且工作压力相对较小。

分行作为银行展业的最重要主体，内部架构和层级多，岗位设置复杂，不同分行之间差异也大，无法一概而论。但简单来讲，分行同事的业绩指标压力较大，工作相对辛苦。但优势也明显，收入上天花板较高，业务好的话收入很可观（分化明显）；成长空间也分化明显，这些年银行非常重视基层成长起来的干部，总行有很大比例高管和中层领导来自基层。

想要一个高的起点，可以重点考虑总行；想要相对舒适和稳定的生活，可以重点考虑分支机构；想要更多的可能，可以重点考虑分行。

（2）银行的校园招聘流程与特点

银行的校园招聘往往是由总行统一组织，分支结构同步开展的，流程也较为固定，通常是8~9月在线报名，10~11月统一笔试，12月份各机构分别组织面试。在报名环节，银行是比较人性化的，一般可以同时报考总行、直属机构、分支机构以及子公司。不同机构单独进行简历筛选，但笔试成绩由所有机构共享，最后，不同机构分别根据成绩等指标确定面试人选。

一般而言，银行的校园招聘有几个特点：一是规范性强，招聘流程成熟规范，每年招聘人数较为固定，有制式的线上线下宣讲会，招聘岗位、培养方案清晰明确，简历筛选以及笔面试环节的组织也有严格的规范和标准。二是公平性强，如笔试环节通常是统一考题，外包公司提供随机考卷；面试环节也有匿名面试的制度，且校招遵循严格的亲属回避制度。三是报录比高，往往是大家不管想不想来都会报个银行试试，所以银行的报录比是很高的，过高的报录比势必会导致一些随机性和不确定性问题。

（3）银行的薪酬待遇与发展路径

国有银行的薪酬待遇与券商、基金、科技公司及其他各类市场化机构而言是有较大差距的，但在国有企业中还算是略微领先的。银行体系内部，其实差异化也比较大，股份制商业银行较高，城商行和村镇银行次之，国有银行平均值较为靠后。对于同一家银行而言，总行一般是拿的部分分行的平均薪酬，分行之间以深圳、上海等南方地区业务较好的分行薪酬较高。

北上广深地区还涉及户口问题，不同银行不一样，但通常国有银行在解决落户方面有一定优势。同一银行内，总行和直属机构的解决比率略高一些，毕竟分行招聘人数较多。每年落户政策和情况也不一样，需及时咨询当年的情况。

银行总行的发展路径一般是所在的部门按照内部职级体系一步步向上晋升，通常跨部门的调动相对比较少。有少量的内部竞聘机会，也有一定机会到直属机构或者分支机构甚至是地方政府体系进行短期的挂职锻炼，但这类机会较少，需要平时多积累，才能在激烈的竞争中胜出。

直属机构通常也是在本机构内逐步晋升，也有机会借调甚至调动到总分行工作。

分行通常入职后要看招聘类别，技术类的可能稍微特殊一些，会较快到技术部门工作；定向柜员类的需要在柜台工作满一定年限才能调整到别的岗位，之后向业务主管、网点行长、支行行长等岗位发展；分行管培类的岗位一般需要先在网点干起，工作一定年限后调整到个体金融部门或公司业务客户经理等岗位上，之后可以到支行本部或分行本部的部门工作或向分支行领导岗位发展。

3. 关于工作内容与工作氛围

银行有时候很大，能接触到各个层级各个行业的人员，经手的都是以亿为单位的项目；银行有时候也很小，每天就是在你的处室/科室/网点绕圈子，关注的是这个月有没有几百块的防暑降温费。

来银行工作，不同的机构、不同的部门差异很大。以总行为例，在前台业务部门，比如在金市条线你可能做的是类似是研究员和交易员的工作，在对公条线你做的可能是对公政策研究制定等工作，在个人金融部门条线你可能就是产品经理，忙着设计新产品。在中台部门，你可能做的是风险管理或者资产负债管理。在后台部门，你可能做的是技术开发、人员招聘或者是公文党建等工作。不同的部门工作内容是不一样的，选择总行部门一定要有明确目标。在直属机构，以单证中心为例，主要工作是处理全国的各种单证票据，可能每天就是审核出具保函。在分行，你可能是大堂经理、可能是柜员、可能是客户经理，不同的岗位工作内容是迥异的。应聘之前，一定要想好，想过什么样的生活，想成为什么样的从业者。不管哪个行业我们都是搬运工、打工人，银行业是经济领域的搬运工，银行员工是游走金融行业的打工人。

再来说一下银行的工作氛围，压力肯定是不小的，但一般而言，内部的工作氛围还是不错的，尤其是国有银行，一般都很注重内部企业文化的构建。

4. 一些总结和感受

说了那么多，其实还是想给大家一些求职选择的感受，如果你追求的是财务自由，银行可能比较难满足你；如果你追求的是政治前途，银行可以给你一定的机会和平台，但远逊于公务员能给你的前景。银行的特点在于，它给不了你最好的（当然每个人对最好的定义都不同），但可以给你一个稳定的、能多方兼顾的、以养家糊口为首要目的相对比较平衡的工作。

参考文献

[1] 宫宇. 这样求职就对了 ［M］. 北京：北京时代华文书局，2018：85-120.

[2] 金融小伙伴. 金融求职宝典：玩转金融业的正确姿势 ［M］. 北京：中国市场出版社，2016.